W0407004

REJOIGNEZ NOTRE COMMUNAUTÉ DE LECTEURS !

Inscrivez-vous à notre newsletter et recevez chaque mois :
- des conseils inédits pour vous sentir bien ;
- des interviews et des vidéos exclusives ;
- des avant-premières, des bonus et des jeux !

Rendez-vous sur la page :
http://leduc.force.com/lecteur

Découvrez aussi notre catalogue complet en ligne sur notre site : **www.editionsleduc.com**

Enfin, retrouvez toute notre actualité sur notre blog et sur les réseaux sociaux.

Maquette : Sébastienne Ocampo
Illustrations : Fotolia

© 2017 Leduc.s Éditions
29, boulevard Raspail
75007 Paris – France
ISBN : 979-10-285-0372-7

Anne-Sophie Monod

L'ART du HYGGE

se prononce heu-gue

LEDUC.S
EDITIONS

Sommaire

Préface
d'Amélia Lobbé, psychologue

En France, beaucoup d'entre nous découvrons le hygge (prononcé *heu-gue*), cet art de vivre danois qui nous invite à rechercher au quotidien la chaleur, la lumière, la sécurité, le confort, le réconfort, la compagnie de nos proches, la convivialité, l'égalité, en toute simplicité. Au Danemark, le hygge n'est pas la dernière tendance à la mode. Ce style de vie fait partie intégrante de la culture danoise ! L'art du hygge explique peut-être pourquoi le Danemark a reçu le titre de pays le plus heureux du monde en 2016 selon le rapport sur le Bonheur mondial (le *World Happiness Report*). Pour ma part, je cultive cet art de vivre depuis plusieurs années. Cela correspond totalement à mes aspirations et à ma philosophie de vie. Les moments hyggelig passés avec ma famille et mes proches m'apportent énormément et me rendent tout simplement heureuse !

Qu'est-ce donc que le hygge, concrètement ? Créer du hygge équivaut à créer chez soi, ou rechercher à l'extérieur, une atmosphère cosy, douillette et confortable, mais simple, voire rustique. Le hygge est en effet le contraire de la sophistication (le design danois est renommé pour son aspect fonctionnel, sa simplicité et sa pureté). Prendre le temps de ranger et de décorer son intérieur fait partie de cette philosophie de vie. Il n'est pas inutile de disposer quelques bougies et quelques points de lumière afin de rendre l'ambiance plus hygge !

Une fois que le cadre est posé, pratiquer le hygge consiste à passer un moment privilégié avec des proches et à partager une activité avec eux comme préparer un repas, déguster une tasse de thé, de chocolat ou de café avec des biscuits, visionner un bon film, jouer à un jeu de société ou boire un verre de vin, le tout dans un esprit bon enfant et surtout égalitaire : dans ces moments-là, personne ne cherche à attirer spécialement l'attention sur soi ou à surpasser les autres. L'idée est simplement de passer un bon moment en bonne compagnie, de se détendre, de rire, d'échanger, ou juste de se taire en savourant le temps passé. Enfin, le hygge évoque les sentiments de sécurité, de confiance, de satisfaction, de plénitude et de bien-être ressentis lors de ces moments hyggelig. Le hygge est donc tout à la fois un objectif à réaliser, une pratique concrète et le sentiment de pleine satisfaction qui en découle. C'est pour cela qu'il n'est pas si facile de résumer le hygge en une phrase. Finalement, il se vit plus qu'il ne s'explique !

Quel est l'intérêt de pratiquer le hygge avec des proches ? Cela permet de se sentir tout à fait soi-même, à l'aise, et de trouver confort et réconfort. Le sentiment de sécurité est très important pour les êtres humains. On peut bien sûr pratiquer le hygge seul, surtout si on s'est aménagé un coin douillet dans son appartement. S'il fait mauvais à l'extérieur, l'ambiance est d'autant plus hyggelig, car nous sommes alors protégés du monde extérieur, dans une bulle de simplicité et de bienveillance. Dans le hygge, il est en effet question d'être protégé des éléments extérieurs : il peut s'agir d'une tempête de neige comme de soucis professionnels. J'avoue que rien n'est plus apaisant et réconfortant à mes yeux que de me trouver sur le canapé, mes bébés pelotonnés sur moi comme des chats, tous ensemble blottis sous un plaid, visionnant un dessin animé amusant ou lisant des histoires. Nous nous réjouissons d'être ensemble, nous faisons bloc et nous profitons pleinement du moment présent. Ce sont des moments précieux et totalement hyggelig que je vis chaque jour. La cuisine est, par exemple, l'un des hauts lieux du hygge. C'est là où l'on prend le temps de se faire du bien et de faire plaisir à ses proches. Un de mes enfants adore faire la cuisine et notre plaisir est de nous retrouver afin de préparer des jus de fruits frais et de confectionner des gâteaux. J'aime aussi refaire les bons petits plats simples de mon enfance et les partager avec mes enfants : les coquillettes-jambon ou la purée dans laquelle on creuse un « puits » afin d'y faire couler la sauce. Ce sont toujours des moments hyggelig.

Peut-on pratiquer le hygge en dehors de la maison ? Oui, bien sûr ! Le hygge peut se pratiquer à l'extérieur de la maison, à condition de trouver des endroits à l'ambiance hyggelig. Certains lieux de convivialité avec une conception hyggelig commencent à apparaître ici et là en France. De plus, nous sommes le pays de la gastronomie et nous avons de merveilleux restaurants, dont certains sont très accueillants à la manière hygge. Pour ma part, dès que mon emploi du temps le permet, j'aime retrouver une amie dans un lieu cosy et agréable afin de papoter et d'échanger, à l'abri du tumulte parisien. J'aime également faire mon shopping dans des lieux que j'estime suffisamment hyggelig. Même à Paris on peut trouver des boutiques dans lesquelles on est bien accueillis et où l'on se sent « comme à la maison ». Être en contact avec la nature est également un élément-clé du hygge, tout comme le fait de prendre son temps. En été, j'aime passer du temps dans le jardin de mon père à la campagne, j'admire la beauté de la nature et je contemple l'horizon (ce dont on est privé lorsque l'on vit à Paris !). Cela me rappelle les étés de mon enfance et cela me permet de méditer tranquillement. J'aime aussi observer les étoiles avec mes enfants. Cela peut se pratiquer en ville et c'est toujours un moment d'échange calme et apaisant. De toutes les façons, bien plus qu'une pratique nécessitant des « accessoires », le hygge est avant tout un état d'esprit et l'envie d'être bien en soi, avec ses proches et avec son environnement. On porte le hygge en soi et on l'emporte avec soi, où que l'on aille. Nous pouvons donc vivre des moments hyggelig n'importe où ! Par exemple, un trajet en voiture avec nos proches en direction d'une chouette sortie peut s'avérer hyggelig, si tout le monde est de bonne humeur. Un afterwork du vendredi avec les collègues peut être hyggelig si vous trouvez le bon bistrot à vin avec une ambiance chaleureuse et sympa.

Le hygge est cette petite voix qui nous chuchote que tout va bien se passer et qui nous suggère d'apprécier sincèrement et à leur juste valeur les joies simples du quotidien. Loin d'une pratique « new age » ésotérique, le hygge repose sur du concret et ne demande pas de coûteuse formation, ni de séances d'entraînement. Cela demande juste quelques bougies, un plaid, et la volonté de poser un regard neuf sur les plaisirs simples. Le hygge est également une sensation : le parfum de maman, l'odeur familière de la maison, le goût de l'enfance, la texture réconfortante de vieux draps en coton... C'est la « madeleine de Proust » qui nous dit que nous sommes « comme à la maison » et que nous pouvons baisser la garde et avoir confiance.

Pourquoi les Français ont-ils besoin du hygge ? Parce que le hygge nous invite à faire de notre vie ordinaire un enchantement et à apprécier à leur juste valeur les joies de notre quotidien. Dans cette philosophie de vie, les sentiments de confort et de sécurité sont plus appréciables et plus importants que ce que l'on peut acheter et que ce qu'on fait pour briller en société. C'est un retour aux choses simples et essentielles ! Qui n'a pas besoin de cela dans notre société actuelle ? Nous gagnerions à incorporer un peu de hygge dans notre vie, car je pense qu'elle est le point de départ d'un cercle vertueux : si on pratique le hygge à titre individuel et si on se sent bien en soi-même et avec ses proches, on se sent plus satisfait de sa vie, plus confiant, et on renvoie une lumière qui rejaillit à l'extérieur, sur le reste de la société. À cet égard, cet ouvrage nous propose mille et une façons de pratiquer le « hygge à la française » !

Amélia Lobbé,
psychologue et auteur

Vous avez dit *hygge* ? Non, il faut dire *heu-gue* !

Le hygge : qu'est-ce que c'est ?

« L'étude internationale sur le Bonheur mondial » (oui, tout existe !) publiée par le World Happiness Report a rendu son verdict tant attendu, et la France, un petit peu comme à l'Eurovision, arrive en trente-deuxième position, et les pays scandinaves, un petit peu comme à l'Eurovision, arrivent premiers. Il y aurait donc un lien entre le bonheur et le concours de l'Eurovision…

Trente et une positions séparent la France du Danemark, grand gagnant de ce classement sur le bonheur qui, en réalité, est très sérieux et met le doigt sur une différence qui peut être surmontée, à condition, premièrement, d'en prendre conscience, et donc de ne pas systématiquement mépriser ce genre d'études (comme on a coutume de le faire en France), et, deuxièmement, de se donner les moyens d'y remédier.

Mais comment faire, alors ? Nous avons déjà la mer, la montagne, les forêts, la Sécurité sociale, Alain Delon : comment être plus heureux ? Qu'est-ce qui ne va pas chez nous ?

Tout va bien. Mais tout pourrait aller mieux. Et pour ça, regardons du côté de nos vainqueurs, les Danois. Soyons modestes, à l'écoute, et goûtons à leur recette du bonheur. Cette recette, la principale en tout cas, s'appelle le hygge (prononcez « *Heu-gue* », si vous voulez faire genre, ou « *Idge* », ou « *Aïedje* » : en fait on s'en fiche un peu, l'important n'est pas là).

Ce qu'est le hygge ? Ce qu'il recouvre ? Vous voulez dire, par-delà l'inévitable effet de mode dont le moindre mérite ne serait pas, pourtant, de vous avoir amené jusqu'ici ?...

Vous en demandez beaucoup.

Définir le hygge ? Difficile... Mais allez : nous dirons que c'est une manière de concevoir les choses du quotidien, d'y trouver sens et plaisir, qu'on en retrouve la marque dans la décoration, la cuisine, la culture physique, la sexualité, tout un tas de domaines en apparence très différents mais aux nombreux points communs. Le hygge est une sorte de label qu'on réserve à tout ce qui procure ce sentiment bien particulier de bien-être, qu'on pourrait traduire, qui a déjà été traduit, par le mot « cocooning » ; et en même temps, c'est plus que ça. Bien plus.

La sieste, blotti dans un plaid devant un vieux film et une tasse de thé entre les mains ; ou une partie de jeu de société juste devant la cheminée. Sinon une marche en hiver, aux premiers rayons du soleil, ou bien courir sans raison dans une rue, traîner toute la journée en chaussettes, jouer avec son chat en écoutant du Schubert, tous ces moments sont des « moments hygge ». L'apaisement, la bienveillance, une certaine forme de sagesse et d'attention extrême portée aux choses infimes mais potentiellement bouleversantes, la capacité de saisir au vol le bonheur quand il se présente, voilà encore du hygge. Ce hygge-là, tout le monde peut le comprendre, et chacun le connaît.

Quelle différence, alors, avec le bien-être à la française ? La différence, qui existe en effet, réside dans le fait d'avoir conscience de la valeur de ces petits moments précieux et consolateurs. Le bonheur, c'est ce qui ne se remarque pas. Doublement heureux, alors, sont ceux qui le remarquent.

Ce livre, qui n'est ni un guide, ni un bréviaire, ni la bible du bonheur (je suis désolée !), vous propose de vous aider à le remarquer, ce bonheur, car il est là, en germe, partout, en France, au Danemark, mais aussi en Chine ou au Paraguay. Seul ou à plusieurs, le hygge invite à se pencher sur soi, ce qui demande parfois du courage, tant il est plus simple, parfois, de s'oublier ! Extase quotidienne de l'intime, la pratique du hygge ne nécessite pas une grosse fortune, mais une grosse paire de systoles et d'extrasystoles, car le hygge est un sentiment qui privilégie l'être à l'avoir, le cœur à la cervelle, la curiosité à l'érudition.

Autour de ce sentiment une communauté est née au Danemark, et pourra naître ailleurs où l'on voudra bien ; une communauté sans dogmes, ouverte, tolérante et… amusante ! Car être hygge ne veut pas dire être gnan-gnan, p'tit vieux, new-age ; ça ne signifie pas : planer, idéaliser, moraliser. Être hygge, si l'on veut résumer la chose qui, pourtant, se refuse à la catégorisation et échappe à toute explication, être hygge, c'est peut-être se montrer digne du don énorme qui nous est fait à tous : celui d'être heureux simplement. Et plus l'on sera tourmenté, introspectif et même cynique, plus, peut-être, c'est ce que je crois et ce que j'ai expérimenté, plus ce bonheur sera accueilli et chéri. Oscar Wilde a bien écrit que « les petits plaisirs simples étaient le dernier refuge des êtres complexes »…

L'amitié, c'est consentir à partager sa vérité avec quelqu'un. L'amitié, c'est être capable de comprendre ce que l'autre ne peut pas dire. L'amitié occupe une place très importante dans le hygge, animé par le goût et le plaisir de l'échange douillet. En France, on trouve parfois ce genre d'atmosphère dans les cafés (lieux dont il sera question plus avant dans le livre) ; ceux-ci n'existant pas aux États-Unis, l'amitié, selon l'écrivain Saul Bellow, y serait impossible… Au Danemark, la tradition du café est moins forte qu'en France, mais au moins est-elle remplacée par une autre tradition, fondamentalement « hygge » : les moments passés chez soi entre amis, à la lumière des bougies, les reins sertis de coussins, un bon gâteau en train de fondre sous la langue, devant un feu de cheminée, la fenêtre bien fermée, qui toutefois permet de contempler la maîtresse Nature et d'en deviner les odeurs en en voyant la parade.

Vous l'aurez donc compris, le hygge exige d'être modeste dans ses prétentions au bonheur, mais il exige aussi d'avoir la prétention de vouloir être heureux ! Modeste aussi son champ d'action, limité à notre chez-soi et à quelques lieux de pérégrinations, mais prétentieux le but qu'il poursuit : en faire un refuge inaltérable et chaleureux !… Faire du quotidien un enchantement : voilà une belle mission.

En définitive, il ne faut pas, quand on est hygge, vouloir changer la vie, mais apprendre à la regarder. Accepter sa lenteur, transcender sa monotonie apparente, se dégager des ambitions mondaines et des étourdissements du pouvoir, et préférer un bon livre dans un bon lit.

Dans ses choix de consommateurs, le « hyggiste » optera, cela va sans dire, pour des matériaux naturels et à la caresse rustique, comme le bois, la céramique ou la laine, et pour des éléments de décoration tamisants et doux, comme les fleurs ou les bougies.

Finalement, et bien que les Danois n'en parlent qu'à mots très couverts (parce que l'empreinte du protestantisme est encore très forte là-bas et que c'est au rejet de son pessimisme inhérent que peut-être le peuple danois doit cette sagesse hygge, qui serait comme une réponse optimiste, vibrante et ouverte aux systèmes religieux, un grand « oui » à la vie, et un « non » sec à la culpabilité et à la peur), le hygge est une forme de retour à la vie primitive et sacrale. Entendons-nous : rien de religieux là-dedans (surtout pas !), mais un rejet, ou tout au moins une méfiance des propositions profanes et matérialistes du monde moderne. Être hygge, c'est être dans ce que les gens un peu axés mystique appellent « la Présence », c'est-à-dire une expérience personnelle de la relation avec quelque chose de pur, de transcendant (qu'on appelle Dieu, Bozo le clown ou le Matcha, mais qui en tout cas n'a rien à voir avec le téléphone portable…). Rien d'hédoniste là-dedans, ou d'illuminé, mais un réinvestissement du spirituel, du lumineux, dans des activités en apparence dérisoires, ou en tout cas des plus quotidiennes : le repas, le coucher, le goûter, la marche, etc. Tenez, par exemple : faire de sa chambre une sorte de « temple », coupé du temps et des mauvaises influences. Ou alors, autre exemple : chercher dans la nature, en s'y baladant avec des amis, non seulement un sentier agréable et joli pour les yeux, mais, plus encore, un lieu parfait et originel. Et savoir, et ressentir, avec tout son corps, qu'en marchant face au soleil, on absorbe l'univers.

Tout simplement.

Le vocabulaire

Point de leçon de danois ici ! Plutôt une foule de néologismes.

Hygge : nom commun

Hygger : verbe

Hygge : adjectif/adverbe

Hyggiste : nom commun

Hyggelig(e) : adjectif

Hyggé : participe passé

Un hygge à la française est-il possible ?

Mais certainement. Voyons voir.

Le Danemark est un pays au niveau de vie plutôt élevé. Les écoles et universités y sont performantes, le système de soins hors pair. Certes. Mais de semblables remarques pourraient être formulées au sujet de la Corée du Sud, par exemple, ou de l'Australie. Pour autant, on n'y est pas aussi heureux qu'au Danemark.

L'explication ne saurait donc être strictement sociale, mais bien plutôt culturelle. De ce point de vue-là, les Danois peuvent sembler à des années-lumière de nous, grossiers, vantards et caractériels Français… La froideur qu'on prête aux Danois (aux Scandinaves en général) est ce qu'on appelle un « cliché », c'est-à-dire une vérité mais qui ne bouge plus – et depuis longtemps. Et de toute manière ce n'est certainement pas la froideur, l'inertie, le calme qui engendrent *de facto* le hygge puisque celui-ci, au contraire, est un art de vivre tourné vers les autres, vecteur de partage et d'émotions, certes maîtrisé et rituel, mais néanmoins intense ! C'est une quête. Et cette geste mythique, pas seulement guerrière, de la quête, on la retrouve dans toutes les traditions, et notamment dans la nôtre. Cette envie de conquérir son bonheur, de se conquérir soi-même à travers le ré-enchantement de son quotidien ne peut que parler à toutes les sociétés, surtout si celles-ci, comme les sociétés scandinaves, souvent à la pointe de la modernité dans bien des domaines, sont endimanchées, consuméristes et superficielles. La force du courant hygge, c'est d'être universel justement parce qu'elle touche au cœur de ce qui constitue l'homme dans ce qu'il a de grand et d'irréductible (là où la mode, universelle elle aussi, vise l'homme en son point le plus bas, le plus fragile, le plus manipulable, et se soucie peu de donner du sens à son commerce).

Il est toutefois certain que le hygge réaffirme un besoin de confort, de stabilité, d'harmonie dans le cadre étroit de l'espace privé, et on imagine mal ce genre de revendications, qu'on pourrait qualifier de bourgeoises, aller de pair avec celles, plus révolutionnaires, d'égalité et de redistribution des richesses (et ça n'est pas un hasard si le Danemark est un pays très libéral)… Certes. C'est la limite du hygge, mais aussi un autre aspect de ce que j'ai appelé sa modestie. Le hygge est une philosophie de l'instant qui s'attache à des petits riens et s'adresse à chacun sans idée de bouleversements ou de révolte. Pour vivre hygge, il faut le vouloir. Il faut vouloir dire un grand « oui » cosmique au monde et ne pas s'enticher de trop de considérations culpabilisantes. Mais il faut aussi accepter, avec beaucoup d'humilité, d'aimer ce qu'on a déjà.

Le grand bonheur affiché des Danois ne dépend donc pas, loin s'en faut, de facteurs économiques et sociaux, mais d'une attitude plus générale face à la vie. Dès lors, il est certain que le hygge peut être transporté et transposé et donc qu'un hygge à la française est possible ! (Ouf ! Sans quoi ce livre…)

Attention cependant, une transposition directe de l'art de vivre à la danoise dans le cher pays de notre enfance est impossible. La culture de l'espace privé est plus forte au Danemark, sans doute en raison des conditions météorologiques assez contraignantes et qui obligent à se créer un intérieur attrayant, éclectique et ouvert sur les autres. En France ces questions se posent moins. On y « sort » beaucoup (le fameux café du coin de la rue). Mais justement, le hygge peut permettre aux Français qui le souhaitent de se réapproprier leur espace privé et de le transformer en véritable bonbonnière.

Nous n'allons donc pas pouvoir traduire le hygge, ce terme typiquement danois, en une langue universelle, puisqu'il l'est, universel, mais, en revanche, nous allons vous faire découvrir, surtout vous faire admettre qu'il existe déjà dans votre vie. Les meilleures choses ne s'acquièrent pas : on se rend simplement compte, un jour, qu'on les a – ou qu'on ne les a plus…

Mais n'essayons pas de façonner le pays dans lequel nous vivons à l'image du Danemark en espérant créer un nouvel écrin faisant naître une nouvelle mentalité. Ce serait illusoire ! Agréable, mais illusoire. Le fonds culturel est un fond d'une profondeur abyssale, qui dépasse les notions mêmes qu'on peut avoir du Temps. On ne change pas de culture comme on change de voiture ! L'enracinement est une fatalité, dont on se libère par le haut. Voyons : français, nous sommes, français nous resterons, avec notre histoire et notre territoire. Non, ne suivons pas à la lettre les préceptes du hygge danois, mais nourrissons-nous de son esprit. Préférons l'esprit « hygge » à la lettre dogmatique et trompeuse. Mais libérons-nous par le haut. Regardons vers le Danemark. Écoutons, ressentons, perdons ce réflexe de toujours penser avoir raison. Engageons-nous, embarquons. La quête commence ici.

Ouvrons nos yeux, écartons les lourdes portes en fer de notre conscience, écoutons nos cœurs. L'émerveillement, la douceur de vivre, le confort, la bienveillance et les petits bonheurs du quotidien sont à nos pieds. Chaque jour dans nos vies. Regardons-les. Ressentons-les. Vivons-les !

Bienvenue en France, ami hygge.

Rendez votre intérieur hygge

L'importance de la lumière dans le hygge

Les différents types d'éclairage

Petit récapitulatif technique avant de se concentrer sur chacune des pièces de la maison, et d'essayer de voir quel type d'éclairage y sera le plus adapté pour y créer cette atmosphère sereine typiquement hygge.

Sachez qu'on distingue généralement **quatre principaux modes d'éclairage répondant chacun à des besoins distincts**. Le but consiste à les répartir dans la pièce avec la juste intensité en fonction de vos activités.

1. L'éclairage général : son rôle est d'apporter de la lumière à toute la pièce, d'où son autre appellation d'éclairage principal. Il provient souvent d'un unique luminaire placé au plafond.

2. L'éclairage ponctuel, éclairant un espace bien défini. Il peut servir à créer un îlot d'intimité dans une atmosphère feutrée. Il est très facile à réaliser grâce au large choix de luminaires à fixer ou sur pied (comme, par exemple, un lampadaire de lecture).

3. L'éclairage décoratif, qui met en valeur tableaux, gravures, bibelots, ou souligne un élément architectural. Cet éclairage directionnel permet de jouer avec les volumes, de modifier la perception de l'espace en optant pour des luminaires spécifiques, des spots équipés d'ampoules colorées, des lampes fantaisie…

4. L'éclairage fonctionnel, enfin, destiné à rendre plus confortables ou à sécuriser les différentes activités de la maison : cuisiner, écrire, lire, faire sa toilette... Il englobe les éclairages techniques adaptés à la salle de bains, à la cuisine, aux lieux de passage (entrée, couloir, escalier), à l'atelier, au garage et aux rangements.

L'éclairage et les couleurs

Quelques notions de base : des lumières jaunes (ampoule à incandescence) ou rouges produiront une sensation de chaleur. Des ampoules blanches (halogènes) ou légèrement bleutées donneront une lumière éclatante et une sensation de froid. Si les murs sont de couleur claire, ils réfléchiront la lumière. S'ils sont sombres, ils l'absorberont. Outre l'éclairage d'ambiance, des spots dirigés sur des endroits précis ou des ampoules colorées créeront une atmosphère particulière et personnelle.

L'éclairage direct

Projetés sur une surface définie, les rayons mettent en valeur un objet ou une zone. Cet éclairage ponctuel diffuse une lumière vive. Il est à utiliser avec modération et prudence. En effet, rien n'est plus agressif, plus inélégant et plus vulgaire qu'une pièce entièrement éclairée de manière directe. C'est pour ça que si cet éclairage est important (ne serait-ce que pour l'utiliser lors de soirées, par exemple), il se révèle, à l'usage hygge, assez secondaire. Les ombres qu'il crée sont nettes, profondes et peu attirantes, car le contraste entre la lumière-source et l'ombre est trop fort. Cet éclairage peut toutefois aussi être décoratif lorsqu'il s'agit de sculpture lumineuse ou de bougie. Rappelons que plus la source est éloignée du sujet, plus le spectre est large.

L'éclairage indirect

Orienté vers une surface réfléchissante quelconque (mur, plafond, plateau de table, etc.), c'est l'arme fatale du hygge. Ce type d'éclairage crée l'ambiance de la pièce. Son mode d'attaque, c'est la finesse, la délicatesse, le goût. Chaque lampe est comme un pinceau. Votre pièce est la toile sur laquelle vous pourrez projeter tous vos rêves – car que sont nos rêves, si ce n'est lumières ? Des lampes dirigées vers une surface plane, telle un mur ou un plafond, illumineront toute la pièce. Pensez que plus la surface est claire et brillante, plus elle réfléchit la lumière. Si donc vos murs sont uniformément clairs, adaptez-vous à eux, et choisissez des éclairages très lourds, à la lumière grasse. Attention aux surfaces laquées, qui peuvent éblouir. Pensez aussi que certains matériaux rendent la lumière plus homogène : verre dépoli, plastique translucide, tissu fin, papier, qui suppriment la brillance de l'ampoule et ne réduisent pas la puissance d'éclairement… Il semble en tout cas difficile de concevoir une pièce hygge sans éclairage indirect. C'est la lumière-cocon par excellence, dont le seul écueil est, parfois, un manque de clarté, malgré la diminution d'ombres portées, mais qui se rattrape très facilement. L'éclairage indirect est un jeu. Amusez-vous !

L'éclairage mixte

Cette variante permet de diviser la lumière en deux parties (directe et indirecte, faisceaux lumineux hauts et bas). Elle est très fréquente en cas, par exemple, de réception ou de soirée, quand la nécessité de clarté rejoint celle de préciosité, de chaleur, en un mot, quand la quantité exige la qualité. L'éclairage mixte évite de trop grosses différences et réduit les ombres. Si vous optez pour cet éclairage, vous vous rendrez compte que certaines appliques et certains lustres, parfaits en lumière exclusivement directe, ne se voient presque plus et deviennent par conséquent inutiles en éclairage mixte. Il faut bien veiller alors au rapport entre l'intensité de l'éclairage direct et celui de l'éclairage indirect.

Les lampes

Certes, il faut adapter l'éclairage aux fonctions de chaque pièce. Mais oubliez vos préjugés. Écoutez vos envies d'enfants. Quand vous construisiez des cabanes avec vos frères et sœurs. Quand vos parents vous lisaient une histoire avant que vous fermiez les yeux... Sous quel type de lumière ont eu lieu ces scènes primordiales et magiques ?

Beaucoup de lumières indirectes, évidemment. Dans les pièces à vivre, multipliez-les pour varier les ambiances et les usages. Votre critère doit être le suivant : ressembler le moins possible aux McDo®, et leur lumière opaque, pleine, blafarde, sans pitié...

Chez vous, c'est un havre, une crique, un paradis. Considérez que vous êtes Dieu, et que vous éclairez le monde. Et amusez-vous. Il faut que vous soyez heureux en entrant dans votre maison.

Car dans une décoration intérieure, l'éclairage est primordial. La lumière est ce qui donne vie. On peut sans risque avancer qu'une belle lumière est capable de tout masquer, de tout rattraper dans une habitation maladroitement conçue ou décorée par ailleurs. En revanche, tous vos efforts de décoration, d'ameublement et de rangements seront réduits à néant si votre éclairage est défaillant, c'est-à-dire trop fort, trop sombre ou mal ajusté.

Nous l'avons dit, dans une habitation, on distingue plusieurs types d'éclairages : l'éclairage général ou l'éclairage d'ambiance, l'éclairage ponctuel, l'éclairage fonctionnel. Pour quel type d'éclairage opter selon la pièce ? Nous répondons à toutes vos questions.

L'éclairage doit mettre en valeur un objet, une texture ou une zone de la pièce. Pour cela, il est bon de multiplier les sources lumineuses pour créer des zones d'ombre et de lumière. C'est ce que le regard attend et espère. Il veut être intrigué, puis étonné, surpris, émerveillé. Manier l'ombre et la lumière est un art intuitif, dont vous pourrez rapidement passer maître.

Sachez que les suspensions auront tendance à resserrer les murs et à rétrécir la pièce. Elles donneront à votre pièce un aspect uniforme potentiellement lassant. Mais par ailleurs des murs baignés de lumière accroîtront le volume de la pièce. Un faisceau ascendant surélèvera visuellement le plafond.

Veillez encore à éviter les éblouissements en dissimulant les sources lumineuses. C'est une évidence. Le choix des abat-jour est en cela décisif. Aujourd'hui la tendance est à l'ancien pour l'abat-jour : tissus brodés, papier japonais ou népalais donneront une belle transparence et un air d'antan. Dans chaque pièce, vous pouvez jouer avec des ampoules de couleurs afin d'y accentuer le côté chaleureux. Néanmoins, c'est un peu risqué, et souvent on est dans la faute de goût, car il faut trouver l'équilibre entre la couleur de l'ampoule et la teinte et le degré de transparence de l'abat-jour.

Pensez aussi à l'installation électrique : qu'il y ait suffisamment de prises pour éviter rallonges et multiprises. Des variateurs de lumière permettront d'adapter l'éclairage en fonction des moments de la journée et des ambiances désirées.

L'éclairage selon les pièces

Salon et salle à manger

L'éclairage du salon et de la salle à manger doit tenir compte des différentes activités susceptibles d'y être menées. Mais ce qu'il faut rechercher en priorité c'est malgré tout le confort. Toute idée préconçue d'esthétique est à bannir. Inutile de penser copier une mode ou un style. Retirez vos photos géantes de New York, cette ville agonisante et paranoïaque où le hygge heureusement existe pour y apporter une note de douceur. Créez votre propre style.

Quelques conseils concrets : en plus du lustre ou de la suspension qui restent de grands classiques, choisissez vos luminaires de différentes hauteurs, vous jouerez ainsi avec la verticalité de la pièce, surtout si les fauteuils sont bas. Pour un éclairage d'ambiance plus relaxant, et donc très hygge, choisissez des ampoules à lumière chaude (2 700 K) et des lampes avec un variateur de lumière.

N'hésitez pas à mettre en valeur certains objets ou tableaux. Trouvez de belles lampes et fabriquez-vous une atmosphère de lumières épaisses, grenues, mordorées, chaudes, ondoyantes. Méfiez-vous des essayages en magasin, ils sont souvent trompeurs. Variez les styles. Évitez les choses pompeuses et envahissantes (la lumière, « l'effet » est plus important que la forme – qui pourtant l'est aussi), évitez surtout l'ultramoderne bas de gamme, indus et sans âme. Attention à ne pas multiplier les zones d'éclairages, surtout les luminaires fixes, qui finissent par être gênants si l'on décide de modifier la disposition des meubles. Un éclairage discret (lampes à poser, lampadaires ou appliques) émettra une lumière diffuse.

Si vous avez une grande table, n'y posez pas de lampe dessus, préférez une suspension réglable en hauteur Si la table est claire, méfiez-vous des reflets excessifs. Sur les guérites ou secrétaires, disposez des petits lustres, à hauteur calculée pour ne pas éblouir les convives (qu'ils n'aient d'yeux que pour vous !) mais que l'on puisse aussi toujours distinguer les objets sur la table. Pensez bien au confort de vos yeux à la longue : installez une lampe derrière la télévision, et derrière le fauteuil où vous dévorez Guillaume Musso et/ou Nietzsche, ne vous trompez pas de lampe : une lumière trop forte vous fatiguera aussi vite qu'un éclairage trop dilué. Enfin préférez les variateurs de lumière aux halogènes qui consomment beaucoup d'électricité.

Le coin télévision

Regarder la télévision peut, bien sûr, être hygge. Elle n'est pas à bannir, même si, souvent, elle n'est pas très belle. La regarder dans le noir fatigue les yeux. Mais un éclairage trop puissant ou se reflétant dans l'écran est tout aussi gênant. Il faut alors créer un éclairage doux, atténuant le contraste entre la luminosité de l'écran et l'obscurité environnante. Mais il faut surtout que l'éclairage soit invisible et ne se reflète pas dans l'écran. Pour cela : une lampe derrière la télévision dirigée vers le mur, un lampadaire avec abat-jour à l'avant du poste ou des appliques murales avec diffuseur fixé au mur derrière le spectateur feront l'affaire !

Pour la chambre il n'est qu'un mot : douceur

Contrairement au salon qui doit pouvoir dégénérer et accueillir la fête en l'inondant de sa lumière générale, la chambre doit prioritairement être douce, reposante et fonctionnelle. Des spots encastrés dans le plafond au-dessus de l'armoire, orientés vers votre penderie, permettent de bien voir vos vêtements. Mais ne les choisissez pas trop forts. Les plafonniers sont très à la mode, et il faut admettre qu'ils sont souvent bien pratiques. Mais leur discrétion est un piège, car leur lumière, elle, n'est pas toujours très discrète ! Choisissez pour votre table de chevet une lampe coup de cœur : car si vous ne le faites pas pour cette lampe, vous ne le ferez jamais ! On se souvient tous de la lampe de chevet que nous avions, enfant, et qui veillait sur nous… Les spots directionnels, fixés au mur au-dessus de vos têtes au centre du lit, permettent la cohabitation dans le même lit des lecteurs du soir et des couche-tôt ! Choisissez une lumière d'un blanc chaud (ampoule fluorescente, LED), interdisez-vous les halogènes, et pensez bien à régler l'intensité de vos luminaires de chevet : que vos soirées lectures ne ressemblent pas à des interrogatoires de la police ! Une lumière aveuglante « casse » l'ambiance et dérange, c'est le moins qu'on puisse dire, son partenaire qui pourrait ne pas le rester très longtemps… On peut même avancer qu'une chambre n'a pas besoin d'éclairage fort. Pensez aussi à pouvoir contrôler votre éclairage depuis l'entrée de la chambre et du lit.

Pour ce qui est de la cuisine, nous dirons : pratique

Conviviale et passante, mais aussi « technique », la cuisine doit, elle, pouvoir être largement éclairée à n'importe quel moment, pour des questions pratiques, évidemment, mais aussi de sécurité. Il faut donc un éclairage central. Cuisiner est un art très présent dans le hygge et il doit se faire dans de bonnes conditions. Le plan de travail est donc une zone à favoriser du point de vue de l'éclairage (sous forme de spots, rails ou bandeaux à fixer sous les étagères ou les éléments muraux, parfaits pour un éclairage invisible). Si la cuisine est ouverte sur une pièce à vivre, installez des variateurs afin de diminuer la luminosité lorsque cet espace n'est pas utilisé. Mais pourquoi être timide ? Une cuisine est aussi un endroit où lire et travailler est agréable. Pensez donc à y incorporer quelques lampes bien choisies et des éclairages d'ambiance chargés de mettre en valeur une vitrine, une étagère ou même un meuble.

Sinon pour un effet design et si vos placards sont vitrés, installez de petites lampes à l'intérieur : vous obtiendrez ainsi une jolie lumière tamisée.

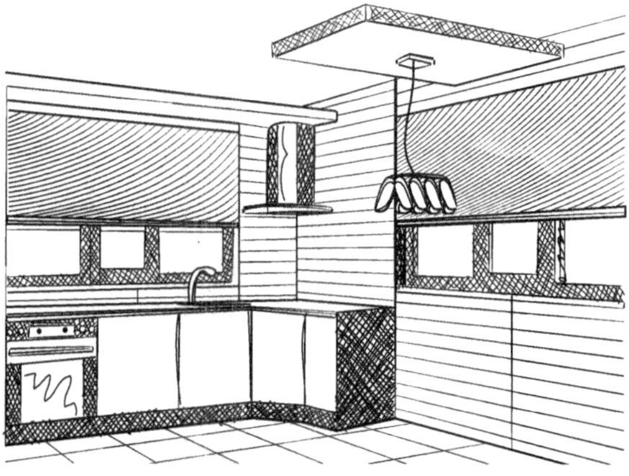

Le bureau

C'est le lieu de la réflexion, du repos et de l'intime, il faut donc penser : tranquillité.
Installez plusieurs lampes dans la pièce, même et surtout si celle-ci est petite. Mais plus c'est petit, plus c'est mignon Rien de moins hygge que ces bureaux pauvrement armés en lampes et mal éclairés. Sur votre table à écrire, mettez deux lampes, que vous choisirez selon le moment, la lumière qu'elles donnent et celle, alors, du jour. Faites en sorte de ne pas fatiguer vos yeux. Pensez à installer une lampe derrière vous, qui ne servira d'une certaine façon à rien sinon qu'à créer une atmosphère personnelle et poétique. Variez les teintes de vos éclairages. Qu'ils mettent en valeur ce que vous aurez mis au mur. Votre bureau est votre petit monde à vous, il est important de le personnaliser. Lâchez-vous. La pièce doit être agréable au point qu'on puisse y dormir, et bien. Paradoxe, que ce bureau hygge : peu d'espace, beaucoup de lampes. D'un point de vue pratique, si vous n'avez qu'une règle à observer pour votre confort : installez un éclairage à proximité de votre écran d'ordinateur pour supprimer les reflets et un store à la fenêtre pour régler aussi la lumière du jour.

Les couloirs et les escaliers

Dans ces lieux de transition, on peut se lâcher complètement, tout en gardant en tête qu'il faut y voir clair, pour des questions de sécurité. Optez pour des lustres d'époque, par exemple. N'oubliez pas que l'éclairage doit souligner le relief des escaliers, et ne pas l'écraser (oubliez, alors, la lumière aveuglante et directe, et préférez-lui un éclairage à faisceau descendant). Comme dans le couloir, les appliques accroissent visuellement l'espace. Enfin installez des éclairages aux pieds des murs, le long du couloir ou aux pieds des marches, cela produira des effets intéressants, théâtraux et originaux.

La salle de bains, la détente absolue

Lieu du face-à-face, lieu réflexif, lieu de repos, d'hygiène, de retour à soi et de renouveau, la salle de bains doit bénéficier d'un double éclairage très soigné : celui, immuable, indispensable et fonctionnel, fort et global, qui permet de se voir en pied (des luminaires fixes feront l'affaire, des spots au plafond par exemple). Le miroir doit être éclairé de côté plutôt que de dessus, pour éviter les ombres portées sur le visage. Et puis il y a une seconde lumière, moins protocolaire, plus inspirante : les bougies, bien sûr, les photophores, mais aussi, pourquoi pas, de petites lampes soigneusement chinées qui vous rappelleront qu'une ablution est un acte rituel de la plus haute importance. Veillez enfin à l'installation électrique et à la tenir loin des sources d'eau – car la mort de Claude François n'est pas hygge du tout ! À cet effet, dans la douche, le spot à encastrer est parfait, qui allie confort et sécurité.

Choisissez les bonnes ampoules

La qualité des éclairages dépend aussi du flux lumineux et de la température de couleur des ampoules employées.

Le flux lumineux, exprimé en lumens, traduit l'intensité du rayonnement. Ainsi, entre une ampoule fluorescente, une LED et un halogène économique fournissant chacune l'équivalent de 60 W d'une lampe à incandescence, celle qui produit le plus de lumens est la plus efficace.

La température de couleur, mesurée en kelvin (K), procure des sensations différentes selon qu'elle tire vers le chaud ou le froid. Entre 2 500 et 2 700 K, la lumière, dite « chaude » (donc hygge !), est particulièrement adaptée aux pièces à vivre. Entre 4 000 et 6 500 K, on parle de lumière froide, parfaite pour les éclairages fonctionnels.

Les bougies au cœur du hygge

La composition des bougies

Premiers consommateurs européens de bougies, les Danois nous montrent qu'un univers hygge ne peut pas se passer de bougies.

Sitôt allumées, elles offrent une lumière douce et tamisée ainsi qu'une atmosphère des plus sereine. Mais attention, la combustion des bougies peut libérer des particules toxiques dans votre intérieur. Alors aérez un maximum après leur utilisation ! Il existe trois grandes familles de cire pour fabriquer les bougies, celle en paraffine, la cire d'abeille et les cires végétales (comme la cire de soja ou de palme). La paraffine est un composant obtenu aujourd'hui en raffinerie à partir du pétrole, tandis que la cire d'abeille et les cires végétales sont naturelles. Les bougies 100 % en cire d'abeille ou cire végétale, sans additif, ni parfum de synthèse doivent avoir votre préférence, même si elles sont les plus onéreuses. Attention cependant, les cires naturelles sont parfois mélangées avec de la paraffine, pour des raisons de coût (la paraffine est moins chère) mais aussi de tenue de la bougie. Outre la base en cire, il se peut que les bougies contiennent des colorants ainsi que des additifs, plus ou moins naturels, qui servent à solidifier la bougie ou à mieux fixer les parfums...

Les parfums justement sont un autre paramètre à prendre en compte. Il est tout à fait possible de parfumer une bougie avec des huiles essentielles, qui seront alors naturelles, mais leur prix est si élevé que la plupart des bougies parfumées contiennent plutôt des huiles parfumées, qui sont alors en réalité des parfums de synthèse. Notez que la cire d'abeille est naturellement odorante. Enfin, il y a la mèche. Là encore, pour être tout à fait sûr de ce que vous faites brûler, préférez des mèches écologiques, 100 % naturelles et qui n'auront subi aucun traitement.

Astuces

- Pour laver vos ustensiles, passez-les sous l'eau très chaude, tout simplement.
- Colorez à votre guise les bougies en incorporant simplement 1 cuillerée à soupe d'épices en poudre (curcuma, cannelle, etc.).

DIY ! Faites vos propres bougies 100 % naturelles et parfumées (tellement hygge de faire soi-même !)

Il vous faudra (pour 1 petite bougie) :

- *140 grammes de cire de soja en paillettes*
- *1 mèche de bougie et son socle*
- *1 pot en verre de 20 cl (200 g)*
- *1 cuillerée à café d'huile végétale*
- *25 gouttes d'huiles essentielles (lavande, orange, etc.)*

Réalisation

1. Faites fondre la cire de soja à feu doux, au bain-marie. Remuez-la doucement avec une cuillère en bois. Pensez à protéger votre plan de travail avec du papier journal par exemple.
2. Ajoutez les huiles essentielles et mélangez.
3. Plongez l'extrémité de la mèche (le côté qui n'est pas attaché au socle) dans la cire pour que cette extrémité soit totalement enrobée de cire.
4. Plongez ensuite la base du socle dans la cire.
5. Fixez-le ensuite au centre du récipient en verre. Veillez à ne pas vous brûler.
6. Ajoutez l'huile végétale dans la cire fondue, mélangez, puis retirez du feu.
7. Lorsque le mélange est homogène, vous pouvez le verser doucement dans le récipient en verre.
8. Laissez durcir une nuit.

Votre bougie est prête à être allumée !

Petite histoire de la bougie

Les bougies avaient dans l'ancien temps pour but unique l'éclairage et étaient et sont toujours utilisées dans certains rites religieux. À notre époque, la bougie est surtout un objet décoratif et de détente qui crée une atmosphère romantique, une ambiance chaleureuse et intime… Le principe du fonctionnement de la bougie est assez simple et repose sur un phénomène d'autoalimentation. En effet, la bougie se compose essentiellement d'un bloc de cire (corps gras) traversé par une mèche de coton tressée. La bougie a été inventée au milieu du Moyen Âge. Son « ancêtre », la chandelle, était constituée de joncs trempés dans de la graisse animale : le suif (graisse de mouton ou de bœuf). Le suif taxé mais tout de même peu onéreux à l'époque a l'inconvénient de couler, la flamme obtenue éclaire difficilement, sa fumée reste noire et épaisse et d'une très mauvaise odeur. En Occident, à partir du Moyen Âge, la chandelle rivalise avec la lampe à huile qui a cependant elle aussi des inconvénients. La lampe à huile réclame une attention constante pour la remplir, couper la mèche et nettoyer le gras qui coule.

L'évolution de la bougie a permis progressivement de remplacer le suif par la cire d'abeille, à l'époque réservée essentiellement aux nobles et au Clergé au vu des prix excessifs.

Le mot « bougie » n'apparut dans la langue française qu'au XIVe siècle. La bougie comme telle se distingue alors de la chandelle par sa matière première, la cire d'abeille, et par l'utilisation de mèches de coton tressé puis la bougie stéarique (à base d'un acide gras particulier : l'acide stéarique) remplace définitivement en 1825 la chandelle de suif.

Avec les années et notamment la révolution industrielle, vint l'apparition de la paraffine solide (distillat du pétrole) beaucoup moins onéreuse. Vinrent aussi d'autres cires végétales diverses permettant la production de bougies plus variées.

La bougie, un symbole biblique

Dans le judaïsme, la bougie ou la chandelle accompagne celui qui veille la nuit. Jésus reprend cette symbolique connue par le peuple juif lorsqu'il déclare qui est « la lumière qui ne s'éteint jamais ». Cette lumière, celle des bougies, grandit peu à peu, laissant le temps aux yeux de se familiariser avec elle. Les bougies allumées traduisent la lumière de Dieu qui éclaire l'humanité et sont, en ce sens, symbole de la vérité révélée. Cette lumière rassemble autour d'elle et rassure. Elle est signe de fête et de joie. La flamme suggère la prière qui monte vers Dieu. Déjà l'Ancien Testament rappelle que, dans le Temple de Jérusalem, considéré comme lieu de la présence de Dieu, se trouvait un candélabre à sept branches où des lampes à huile brûlaient perpétuellement. Une tradition de l'Avent utilise la symbolique des bougies au long des quatre dimanches.

La bougie fait partie intégrante de **la religion chrétienne**. Emblème de l'amour de Dieu, la bougie est le symbole de la lumière éclairant l'obscurité. Symbolisant la flamme éternelle, les bougies utilisées dans les églises indiquent la présence du Seigneur. La bougie symbolise également le corps du Christ, justifiant sa présence dans tous les sacrements, notamment dans la religion catholique à l'exception de la pénitence. En geste de remerciement, la bougie allumée est indissociable à la prière dans l'adoration catholique. Elle est pratiquement utilisée dans tous les rituels religieux (et particulièrement dans l'hindouisme) en plus de contribuer à l'éclairage de toutes les cérémonies.

Dans le catholicisme, allumées lors de la messe, les bougies ont des attributs particuliers à chaque cérémonie de la religion catholique. Pour les baptêmes, la bougie représente l'enfant recevant la lumière du Christ. Lors d'une cérémonie de mariage, deux bougies allumées sont utilisées par le couple, représentant des vies séparées. Les deux bougies allumées serviront ensuite à allumer la bougie unité, emblème des deux vies réunies et de l'amour. Pour la célébration de Pâques, le cierge pascal symbolise la toute-puissance du Christ. Les fidèles iront donc allumer de petites bougies à partir du grand cierge et qui resteront allumées pendant le service.

DIY ! Faites des bougies lampions avec les enfants

Il vous faudra (pour 1 petite bougie) :

- *1 mandarine*
- *1 couteau*
- *1 stylo-bille*
- *De l'huile d'olive*
- *1 briquet ou des allumettes*

Réalisation

1. Posez la mandarine sur une surface plane, rigide et solide.
2. Tracez avec le stylo-bille un trait tout autour de la mandarine en son centre.
3. Coupez la peau délicatement avec le couteau en suivant cette ligne tracée. Veillez à ne pas couper le fruit.
4. Pelez la mandarine en gardant les deux parties de l'écorce intactes. Utilisez une cuillère si besoin. Vous avez à présent deux parties symétriques de l'écorce de mandarine.
5. Remplissez l'écorce inférieure d'huile d'olive et assurez-vous que le bout du filament blanc reste à l'air libre. Il servira de mèche. Laissez l'écorce intérieure s'imprégner de cette huile.
6. Réalisez ensuite avec le couteau une étoile (ou toute autre forme, selon votre goût !) sur le haut de la seconde partie de l'écorce découpée. Ce « couvercle » posé au-dessus de la flamme et de la partie inférieure de la bougie permettra de maintenir la flamme allumée et donnera une vraie allure de lampion à cette bougie naturelle.
7. Allumez la mèche. Posez délicatement par-dessus la partie avec la petite forme découpée. Votre lampion est prêt, et l'effet assuré auprès des petits et des grands !

Voici quelques idées pour illuminer votre intérieur de mille bougies et faire de votre *home sweet home* l'endroit le plus cosy du monde !

- Prenez l'habitude de toujours allumer une bougie (ou un chandelier sur la table lors des repas en famille). Et même quand vous déjeunez ou dînez seul(e) !

- Dans les pièces de vie, jouez sur l'accumulation de bougies. Des grandes, des petites, etc. Ne laissez pas de côté les bougies chauffe-plats… En nombre, le résultat est magique !

- Sur la table basse du salon, n'hésitez pas à créer des décors avec plusieurs petites bougies. Vous pouvez représenter un cœur, une fleur, une lettre, etc. Laissez libre cours à votre imagination, à vos élans du cœur.

- Pensez à disposer des bougies (assez grandes) sur les marches de vos escaliers. Misez aussi sur les photophores de grandes, moyennes et petites tailles. En plus de structurer l'espace de l'escalier, de le mettre en valeur et de l'habiller, ces photophores créeront une atmosphère unique de cocooning.

- L'hiver, coupez la peau d'une clémentine en deux en préservant le filament du milieu, ajoutez de l'huile végétale à la racine de la « mèche » et allumez (voir détail p. 45).

- Utilisez des fausses bougies avec une flamme chancelante, ainsi que des guirlandes très fines avec des têtes LED.

- Placez sur vos rebords de fenêtres des bougies à la nuit tombée.

Faites de votre intérieur un havre de paix

Dans l'univers déco, la tendance hygge se traduit par l'adoption de matières naturelles, de couleurs douces et d'accessoires aux lignes simples. C'est une vraie quête de cosy et une approche plus éclectique du mélange des genres et des époques, une sorte de nouveau moderne, anti-bling bling…

Le hygge pense qu'il est possible de trouver l'harmonie grâce à son mobilier, son bien-être grâce à un bel équilibre de couleurs, à un choix de matières chaudes. En somme, un intime sentiment de simplicité et de pureté à travers une jolie atmosphère reposante. Oui, oui, tout ça !

Prendre soin de son intérieur est la meilleure façon de se construire un refuge. Un sanctuaire pour se ressourcer, un cocon accueillant. Nous reprenons des forces dans notre refuge. Notre intérieur est notre troisième peau (la deuxième étant le vêtement). L'harmonie créée dans son habitat (et donc avec soi-même) ne peut qu'avoir un impact positif sur notre rapport aux autres et au monde extérieur. Il n'est pas question ici de logement luxueux ou non, spacieux ou non, il est question de soin, d'attention et d'harmonie. Un intérieur hygge se conçoit aussi comme un bon équilibre entre la lumière et l'obscurité.

Étonnant cette survalorisantion de la luminosité dans les annonces de ventes ou de location immobilières… En effet, car même si elle est importante, primordiale, la lumière, source de vie, appel de l'extérieur et de l'action, ne doit se concevoir qu'avec une parallèle valorisation de l'obscurité. Recoins du salon, couloirs, ces endroits sont des lieux magiques et privilégiés pour se ressourcer. Comme le hygge qui oscille entre les deux pôles soi/interactions sociales, la décoration et les maisons doivent refléter ces deux mouvements intérieur/extérieur dans un équilibre parfait. Lumière et ombre. Il faudra donc travailler avec soin le filtrage de la lumière avec de beaux rideaux, rideaux qui finissent toujours une pièce en décoration !

Les meubles du hygge

Pour surfer sur la tendance hygge, les meubles seront donc forcément scandinaves. Fauteuils enveloppants avec de belles lignes épurées et une assise moelleuse, jolis meubles vintage aux pieds inclinés… Dans la tendance hygge, le confort domine malgré tout ! Les meubles se veulent douillets, parfaits pour un moment de détente et de repos. Les meubles hygge pourraient être résumés par cette formule : la beauté dans l'utilité. En effet, beauté et utilité sont au cœur du design scandinave. Ses vertus cardinales sont l'aspect pratique, la simplicité et la qualité. La décontraction et la précision des lignes pures seront toujours au rendez-vous pour un intérieur des plus chaleureux.

Les matières du hygge

La décoration hygge met à l'honneur les textiles fluides et clairs, comme le lin, surtout au printemps et en été. La laine et le coton sont aussi les deux matières très hygge. Naturelles, elles permettent de créer un cocon. Chaleureuse et réconfortante pendant les longs jours d'hiver, la maille polaire et la fausse fourrure sauront se faire apprécier.

La clé est donc là ! S'entourer, créer une atmosphère apaisante, chercher le plus cosy du cosy pour trouver, dans tous ces petits plaisirs simples, un profond sentiment de bien-être.

Passez donc la porte de la boutique et vous comprendrez immédiatement l'univers hygge : du bois brut, des couleurs neutres, des lignes simples et modernes, des coussins, des plaids, des bougies, bref un univers de bien-être et d'air frais sur nos terres ! Amis, attention, le soin apporté à son intérieur ne doit pas devenir une obsession. Quelques détails peuvent créer un univers hygge. Ce n'est pas la grandeur d'un appartement ni le prestige du mobilier qui fera de votre cocoon un meilleur cocoon. À l'heure où l'accession à la propriété est de plus en plus difficile et la mobilité géographique de plus en plus fréquente, il faut être capable de recréer un intérieur hygge simplement et rapidement dans n'importe quel endroit. La valeur refuge du « chez soi » ne devrait pas donner une valeur à la pierre, aux murs. C'est ce que qu'on y met qui compte. Ainsi basculons-nous du terme de maison, d'intérieur, à celui de foyer qui, lui, peut voyager.

Le hygge, une expérience sensorielle : le toucher

Les matières ! Du beau, du doux, du naturel !

Déco hygge

Même si vous ne les lisez pas, mettez des livres dans vos pièces. Ils ont un pouvoir quasiment magique, ils créent une atmosphère incomparable, apaisante et chaleureuse… Et puis, on peut toujours se dire qu'on les lira bien un jour ces livres…

Le détail hygge dans la chambre

Un lit accueillant, des draps propres et frais changés régulièrement… Quel bonheur.

« Et moi je m'habille comment dans mon intérieur hygge ? »

Symbolisez le retour à la maison, dans votre espace, par un changement de tenue. Privilégiez une tenue confortable. Enlevez votre montre et vos bijoux, etc.

Le design scandinave

Le design scandinave se caractérise par l'utilisation du bois, par le minimaliste et le fonctionnalisme. Il sert depuis son origine et sa création un idéal démocratique qui tient en une formule déjà très hygge : la beauté pour tous. Malgré son apparente simplicité, le mobilier scandinave est un mobilier des plus chaleureux. Il participe à la création d'intérieurs cosy en apportant systématiquement une touche de confort et de tranquillité (tout d'abord de l'œil, puis de l'esprit).

Designers danois à connaître :

- *Kay Bojesen (1886-1958)*
- *Poul Henningsen (1894-1967)*
- *Arne Jacobsen (1902-1971)*
- *Georg Jensen (1866-1935)*
- *Finn Juhl (1912-1989)*
- *Poul Kjaerholm (1929-1980)*
- *Kaare Klint (1888-1954)*
- *Herbert Krenchel (1922-2014)*
- *Borge Mogensen (1914-1972)*

Un chandelier totalement hygge ?

Le chandelier Kubus IV de Mogens Lassen !

Faire le ménage, une expérience des plus hygge

Il est étonnant de voir à quel point le ménage a été pris en horreur par les nouvelles générations. « Corvée », le mot est lâché.

Et pourtant… et pourtant faire le ménage, prendre soin de son intérieur (vous apprécierez le double sens ici) peut s'avérer être une expérience des plus hygge !

Faire le ménage, entretenir son intérieur, donne une cohérence à son quotidien. La maison est notre refuge, mais aussi le miroir de notre intériorité, et même de notre façon d'habiter le monde. Alors comment voulez-vous l'habiter, ce monde, dans le désordre, le trop et le chaos, ou dans l'ordre, la fluidité et la simplicité ? La paix, voilà ce qu'apporte le ménage, et quoi de plus hygge que la paix ?

Véritable thérapie, l'art du ménage, des tâches domestiques quotidiennes sont à réapprendre et à valoriser ! En quelques générations, nous avons laissé le désordre s'installer dans les maisons. Bien plus qu'un art, le ménage peut devenir quasiment un acte spirituel. Faire le ménage, c'est avoir l'envie de vivre bien chez soi et avec soi. S'occuper de son intérieur permet de se connecter avec son intériorité, de se retrouver, d'être « complet » en faisant corps avec ce qui l'entoure. Cet acte quotidien permet aussi de prendre conscience de ce qui est important pour soi dans la vie, mais aussi de rendre les choses harmonieuses pour créer une atmosphère accueillante.

Un endroit propre, rangé et accueillant favorise les pensées positives et, paradoxalement, aide à investir le monde extérieur, à entreprendre de nouvelles choses dans le travail, à rencontrer de nouvelles personnes… Nous sommes comme revigorés par les forces, la clarté d'esprit et la joie insufflée par un tel intérieur. Faire le ménage est une activité hygge, qui favorise, comme par un cercle vertueux, d'autres moments hygge. Il est très difficile de se détendre dans une maison en plein désordre… Le cœur et l'esprit ne peuvent pas y être sereins : ils y sont plus souvent maussades. Fuir le ménage ou le faire en gagnant du temps… mais le temps se gagne-t-il ? Une heure au cinéma est-elle forcément plus agréable qu'une heure passée chez soi à ranger, nettoyer et profiter de son intérieur en ordre ? Peut-être que l'exemple de la cuisine est le plus parlant pour la majorité, on peut faire le choix de « gagner du temps » en commandant une pizza ou passer des heures en cuisine à faire mijoter un bon plat préparé avec amour. Les heures « à faire » ne sont-elles pas plus importantes et belles ? Instaurer des rites dans le ménage et l'entretien de votre intérieur va vous permettre de vous connecter à votre être intérieur.

Le hygge, une expérience sensorielle : la vue

L'œil hygge est un œil qui aime l'ordre et la propreté. Attention, cela ne signifie pas un univers aseptisé et des choses clinquantes, mais plutôt un juste équilibre entre l'ombre et la lumière, le mouvement et le statique, etc.

Votre routine ménage en mode hygge

Créez une routine quotidienne (et heureuse !) de ménage, n'hésitez pas à vous lever 20 minutes plus tôt pour pouvoir la réaliser en toute quiétude :

- Ouvrez tous les matins en grand vos fenêtres de la chambre à coucher pour aérer.
- Secouez les draps et faites votre lit impeccablement.
- Faites un tour de votre intérieur et rangez les choses qui doivent l'être.

Un conseil : ne quittez jamais votre habitation en désordre. Faites la vaisselle, rangez les chaussures qui traînent, etc. Vous devez quitter votre logement comme vous souhaiteriez le retrouver le soir en rentrant.

La chaleur dans le foyer : la cheminée

Quand on se représente – et quand on le voit représenté – le hygge danois, un élément architectural est toujours, ou presque, présent : je veux parler de la cheminée. Mais s'est-on assez demandé pourquoi ?

Plusieurs réponses nous viennent en tête : parce qu'on associe cet élément de décor au bien-être, à la chaleur ? Certes. Parce que le crépitement de l'âtre ressemble à un ronron et que son chatoiement remplace avantageusement la télévision ? Certes. Parce que la cheminée évoque le Père Noël et Mary Poppins ? Certes. Parce que le cocon sans la chaleur, qui plus est naturelle, est déficient, et aussi parce que, devant la cheminée, les Danois ont l'impression de survivre grâce au fruit du travail des leurs (la coupe du bois), et qu'ils accomplissent et renouvellent une sorte de tradition millénaire ? Certes, oui. Certes. Et parce que regarder un feu dans une cheminée, c'est regarder la nature, en miniature et en cage, c'est la reconstituer et en jouir habilement, en homme moderne, dominateur et qui sait vivre ? Oui, oui, et re-oui !

Mais il y a plus. Et mieux.

Pour savoir l'importance de la cheminée, il faut cesser de la voir comme un élément d'architecture, et la considérer sous son aspect symbolique, car c'est que tous les amis de Sören, réunis devant la cheminée en chaussettes autour d'un scrabble, c'est ce qu'ils font sans s'en rendre compte.

En plus d'être la reine de la maison, et d'être célébrée comme telle par la nature qui lui réserve la primeur de ses saisons (la neige en hiver, les hirondelles au printemps), et par le reste de la maison qui s'adapte à son architecture, la cheminée a une signification cosmologique, car c'est un reste, une survivance, une irruption du sacré dans le territoire profane de la maison d'habitation moderne. Et l'homme, qui conserve en lui une nostalgie de ce sacré, le sait instinctivement (c'est la mémoire de l'espèce qui fonctionne ici).

Les demeures humaines ont été, avec les siècles, désacralisées, suite notamment à la transformation du monde assumée par la révolution industrielle, la pensée scientifique et les incroyables découvertes en physique et en chimie. Mais certaines images traditionnelles, certaines traces de l'homme pré-moderne persistent dans nos sociétés industrialisées (comme celle du Danemark, et comme la nôtre. Le Danemark n'est donc pas *a priori* plus avantagé que la France de ce point de vue-là et il n'y a aucune raison que son peuple soit plus sensible au symbolisme de la cheminée qu'un autre)... Mais alors : que symbolise exactement la cheminée ?

C'est une image dégradée du pilier cosmique, du poteau central, de l'*axis mundi* (axe du monde) qui permet une communication entre l'homme et la divinité. C'est au pied de ce poteau qui soutenait l'immense toile que représentait le ciel, c'est là qu'avaient lieu les sacrifices en l'honneur de l'être suprême. Tous les plus anciens sanctuaires présentaient une ouverture dans le toit (« l'œil du dôme »), qui permettait la communication avec le transcendant. Et cette fonction mythico-rituelle est aujourd'hui dévolue, dans les habitations modernes, à l'ouverture supérieure d'évacuation de la fumée, c'est-à-dire à la cheminée, cet escalier qui mène au ciel, cet autel au pied duquel on joue au Scrabble, on boit un coup, on refait le monde, sans se douter qu'en fait, on renoue avec le sacré, sans imaginer qu'on se reconnecte avec des émotions supérieures et essentielles…

C'est en cela que la cheminée n'est pas anodine, et aussi que le hygge est une philosophie existentielle sérieuse, profonde et ouverte au sacré (mais dans son sens non-religieux, ou préreligieux).

Il n'est dès lors pas innocent que ces cheminées soient, de nos jours, presque toutes entièrement bouchées, puisque notre monde s'est refermé sur lui-même, croyant s'auto-suffire en se nourrissant de matérialisme et de compétition, toutes choses auxquelles le hygge, bien sûr, s'oppose.

Une attitude vraiment hygge serait de rouvrir ces cheminées, d'en faire péter les dalles, de créer un CAP ramoneur et de se remettre à regarder le feu avec le même respect, la même fascination, la même bienveillance que nos ancêtres…

L'attrait d'un feu de cheminée ou d'un poële est donc très fort. Symbole du foyer, la cheminée rassemble et apaise les esprits. Quoi de plus hygge que d'être réunis autour d'une cheminée avec une tasse de thé, de café ou de chocolat chaud pour passer un bon moment et se ressourcer. Malheureusement, avoir une cheminée n'est pas offert à tout le monde. Voici quelques idées à mettre en place dans un logement qui n'est pas équipé de cheminée pour retrouver la fonction et la magie d'une cheminée crépitante.

Pas de cheminée, mais des idées pour hygger !

Si vous vivez dans un appartement et qu'une cheminée est condamnée, mais présente :

- placez dans le foyer une vingtaine de bougies (en cire ou à piles) de tailles et de formes très différentes. Effet garanti ;
- placez dans le foyer des petits rondins de bois, des pommes de pin de tailles différentes et une guirlande à LED très fines.

Si vous n'avez pas du tout de cheminée dans votre logement :

- créez un « petit autel » sur le dessus d'un meuble en rassemblant une dizaine de bougies (en cire ou à pile) de tailles, de couleurs et formes différentes ;
- installez un encadrement ou un dessus de cheminée en bois. Installez des bougies ou des lanternes dans le faux foyer en trompe-l'œil ;
- installez un poêle qui, en plus de chauffer efficacement votre maison, attirera autour de lui toute la famille. Pensez également aux cheminées électriques ;
- pas si ringard que cela, pensez à diffuser sur l'écran de la télévision familiale une vidéo de feu de cheminée qui crépite.

Le hygge se met à table

Recevez et organisez des repas hygge

Inviter des amis chez soi pour partager un repas est un acte hygge à la portée de tous. Il rassemble, permet le partage, l'interaction, et donc de nourrir son âme et son esprit en même temps que son corps.

La force de ces repas partagés en toute simplicité à la maison réside dans le fait que le bonheur est aussi intense lors de l'événement en soi, autour de la table, qu'avant, lors de l'élaboration du repas. En effet, recevoir, c'est projeter un événement heureux, préparer un repas avec amour bien en amont en allant au marché, puis en faisant ses courses chez les commerçants du quartier. L'expérience hygge s'étend et se multiplie. L'amour et l'amitié passent par l'élaboration des plats, des menus, mais aussi par la mise en scène pour magnifier les mets et transcender le moment du repas partagé. Des bonheurs simples, forts et réconfortants. Des bonheurs hygge en somme.

Recevoir simplement, d'une façon douce et chaleureuse… Tout cela ne s'apprend guère dans les livres. Tout doit venir du cœur et respirer la sincérité. Héritière d'une grande tradition des arts de la table, notre culture française ne peut que nous donner des pistes pour faire de ces repas des écrins de beauté. En effet, même si la simplicité est le maître mot du hygge, le beau en est aussi un des principaux composants. Gardons de notre culture française des Arts de la table les lignes directrices : votre table doit être belle, bien dressée avec une jolie nappe, avec de beaux couverts et des verres de qualité. Dresser une table soignée ne coûte pas forcément cher, on trouve de très belles assiettes à des prix abordables, on peut aussi trouver de magnifiques services vintage lors de brocantes. Les codes changeant, de la vaisselle en matière naturelle végétale comme le bambou pourra aussi être du plus grand effet. N'oubliez jamais que ce joli décor est une forme d'hommage que l'on rend à ses invités et contribue à rendre ce moment inoubliable. Misez sur de beaux tissus pour la nappe et des matières douces et chaleureuses comme le bois pour les plats et saladiers par exemple. Le hygge peut se nicher dans le doux bruit de deux bols en bois qui s'entrechoquent d'une façon cotonneuse... Pensez aux détails. L'essentiel est de créer une douce atmosphère : sortez nappes en tissu et autres chemins de table. N'hésitez pas à flâner dans les brocantes et à mixer différents services à vaisselle vintage. Délicate attention, pensez à confectionner une jolie petite étiquette que vous placerez à la place de chaque convive. Soignez également le pliage de vos serviettes de table, qu'elles soient en tissu ou en papier. Petit détail hygge, prévoyez des pantoufles ou des grosses chaussettes pour les invités...

Idée hygge

Créez ou achetez une belle couronne avec écrit en son centre « Bienvenue » et accrochez-la sur votre porte d'entrée.

Faites aussi de votre table le lieu de prédilection pour exercer votre don (que vous ne connaissez pas encore) pour l'art floral. Créez de magnifiques compositions florales dans des vases, des bols ou des paniers. Oui, créez des bouquets avec des fleurs de saisons, des feuilles, de la mousse et des herbes.

Le langage des fleurs

Amaryllis : symbole de la beauté suprême.
Anthurium : symbole de l'hospitalité. Il est également utilisé pour signifier le bonheur et abondance.
Chrysanthème : symbole de la fidélité, de l'optimisme, de la joie et de la longévité.
Freesia : symbole de l'innocence et de la délicatesse.
Gardénia : symbole de la pureté et de la douceur.
Iris blanc : symbole la pureté.
Jonquille : en bouquet, symbole de la joie et du bonheur.
Hortensia : symbole des émotions sincères. Il peut être utilisé pour exprimer sa gratitude.
Lilas : symbole de la confiance.
Lys : symbole de la pureté et de la beauté raffinée.
Œillet blanc : symbole de l'amour pur.
Orchidée : symbole de la beauté exotique, du raffinement et de la gentillesse.
Pivoine : symbole d'une vie heureuse.
Renoncule : symbole du charme.
Rose : symbole de l'amour sous ses diverses formes.

Voici quelques remarques pour prendre soin de vos fleurs :

- Pour garder vos fleurs plus longtemps, disposez-les toujours dans un récipient propre afin d'éviter la prolifération des bactéries.

- Les vases doivent donc être rincés avec de l'eau claire et une goutte d'eau de javel avant toute réutilisation.

- Les fleurs coupées ont aussi besoin d'un air sain ! Il faut donc bannir toute fumée de cigarette et aérer la pièce le plus souvent possible. Gardez bien en tête que la pollution limite la durée de vie et la beauté des fleurs.

- Recoupez toujours les tiges de vos fleurs avant de les plonger dans l'eau du vase.

- Coupez vos tiges avec un mouvement biseauté de manière à ce que la surface en contact avec l'eau soit la plus large possible.

- Surveillez régulièrement le niveau d'eau de vos vases mais aussi de la mousse florale de vos compositions.

- Ajoutez une dose d'additif préservant l'eau du vase.

- Enlevez les feuilles fanées ou endommagées et évitez de laisser des feuilles au niveau de la tige immergée dans l'eau pour qu'elles ne pourrissent pas.

➤ Enlevez les fleurs fanées au fur et à mesure afin de favoriser le développement des bourgeons restants.

Moment hygge : cueillir ses fleurs dans la nature

Voici quelques astuces :

- Cueillez vos fleurs tôt le matin, les fleurs sont alors gorgées d'eau suite à la fraîcheur de la nuit. Dans tous les cas, ne cueillez jamais vos fleurs lorsque le soleil est au zénith, leur durée de vie serait alors réduite.
- La plupart des fleurs doivent être cueillies quand elles sont en bouton, ou à demi ouvertes, vous aurez alors le plaisir de les voir s'ouvrir dans votre bouquet ou votre composition… Attention, cela n'est pas valable pour les œillets, les dahlias, les œillets d'Inde, les hortensias et les camélias, il faut que ces fleurs soient entièrement ouvertes au moment de la cueillette. Attention également aux tulipes et aux roses qui, cueillies trop tôt, ne s'ouvriront jamais.
- Pour les roses vérifiez que le sépale (partie verte en corolle sur le calice qui protège le bourgeon) soit bien décollé du bourgeon et qu'il commence à se tourner vers le bas.
- Pour les iris et les jonquilles, vérifiez que les fleurs soient à moitié ouvertes au moment de la cueillette.
- Pour les glaïeuls, vérifiez la présence de trois ou quatre boutons ouverts à la base et que la partie supérieure de la tige soit encore fermée.

Astuce pour les bouquets de roses

Vos roses font grise mine après avoir été exposées à une trop forte chaleur ? Elles commencent même à flétrir ? Une solution existe ! Recoupez 2 à 3 centimètres de tige et déposez vos roses horizontalement dans un bac que vous aurez préalablement rempli d'eau fraîche. Pour éviter qu'elles ne flottent et afin de les maintenir sous l'eau, déposez un poids sur leurs tiges. Laissez-les tremper une nuit dans ce bac. Le lendemain vos roses seront métamorphosées !

Réalisez un centre de table

Pour une grande occasion, vous désirez épater votre famille et vos amis ? Créez ce centre de table vous-même avec cette technique **d'art floral** ! Il vous faut un vase rectangulaire plat, des tiges de typha, des roses branchues et des amarantes. Commencez par former une structure avec des anneaux faits avec les tiges de typha que vous assemblerez. Ensuite, mettez un peu d'eau dans votre vase et placez votre structure d'anneaux sur le vase, tout en dépassant des deux côtés. Vous pouvez maintenant glisser vos fleurs dans les anneaux en vous assurant que leur tige est immergée dans l'eau du vase pour les conserver plus longtemps. Une composition florale colorée et originale digne d'une professionnelle !

DIY : un pot-pourri sec aux mille senteurs

Voici les éléments dont vous aurez besoin. Faites votre sélection selon vos envies et préférences !

- **Des éléments naturels décoratifs :** pétales de roses séchés, bois, écorces, fruits séchés, bâtons de cannelle, étoiles d'anis…
- ***Des herbes aromatiques séchées :*** *lavande, romarin, mélisse, menthe, écorces de citron ou d'orange…*
- ***Des épices :*** *de la cannelle, de la vanille, des clous de girofle.*
- ***Des huiles essentielles :*** *lavande, cannelle, etc.*

1. Dans un récipient, mélangez les épices moulues (2 cuillerées à café environ pour 1 poignée d'éléments décoratifs). 20 gouttes d'huiles essentielles. Mélangez.
2. Dans un autre récipient, mélangez 1 poignée d'éléments décoratifs et 1 poignée d'herbes aromatiques.
3. Réunissez les deux mélanges dans un même et seul récipient. Mélangez soigneusement.
4. Placez le tout dans une boîte qui ferme hermétiquement et laissez reposer une dizaine de semaines.
5. Transvasez ensuite votre pot-pourri dans le récipient décoratif de votre choix.

La joie des pique-niques

Il fait beau, le printemps est là, vite un pique-nique ! Sortez les plaids, les glacières et les ballons !

- Invitez les gens que vous aimez.
- Trouvez un lieu idéal, calme, à l'abri de la foule, avec un grand espace de jeux pour les enfants à portée de vue.
- Lancez les invitations en avance, mais laissez-vous tenter par la spontanéité.
- Prévoyez plusieurs jolies nappes en tissu, pour installer tous les mets, mais aussi pour que tous les participants puissent s'asseoir et prévenir une attaque de tiques.
- Bannissez les assiettes en plastique pour de la vraie vaisselle ou des assiettes en bambou.
- Veillez à rendre le pique-nique esthétique : jolis contenants, bâtonnets de légumes coupés joliment, etc.
- Prévoyez des bons livres, des jeux de cartes, des jeux pour les enfants… Et profitez de ce délicieux moment.

Le hygge, une expérience sensorielle : l'odorat

Faites votre propre parfum d'ambiance en faisant bouillir des écorces d'orange et des épices dans une grande casserole d'eau (cannelle, clous de girofle). Pensez également au diffuseur d'huile essentielle pour envelopper votre maison d'une douce odeur réconfortante.

La nourriture hygge

Nos placards débordent de recettes de gâteaux à tester, nous testons mille et une recettes. Mais simplifions au maximum. Voici les recettes que tout le monde rêve d'avoir pour un moment hygge. Ne courez plus sur la toile pour chercher LA recette du moelleux au chocolat inratable ou la recette du gâteau au yaourt si simple et si bon.

Ne cherchez plus, les voici.

Les gâteaux « réconfort »

LE GÂTEAU AU YAOURT SI SIMPLE ET SI BON

Temps de préparation : 15 minutes
Temps de cuisson : 30 minutes

Ingrédients (pour 4 personnes)

- *½ paquet de levure chimique*
- *1 pot de yaourt nature*
- *½ pot d'huile de colza*
- *2 pots de sucre semoule*
- *3 pots de farine*
- *2 œufs*
- *1 zeste de citron jaune*

Réalisation

1. Préchauffez le four à 180 °C (thermostat 6). 2. Mélangez tout simplement les ingrédients un à un en suivant l'ordre suivant : levure, yaourt, huile, sucre, farine, œufs et zestes.
3. Beurrez un moule à manqué et versez-y la pâte.
4. Enfournez pour environ 30 minutes de cuisson.
5. Vérifiez la cuisson avec la pointe d'un couteau (elle doit ressortir sèche).

Le chocolat, quoi de plus hygge ?

Gourmandise préférée des Français, le chocolat a une histoire aussi riche que son goût est savoureux. Il y a 4 000 ans, ce mets était si capital dans la société Maya et Aztèque qu'il servait à lui seul de monnaie !

CHOCOLAT CHAUD

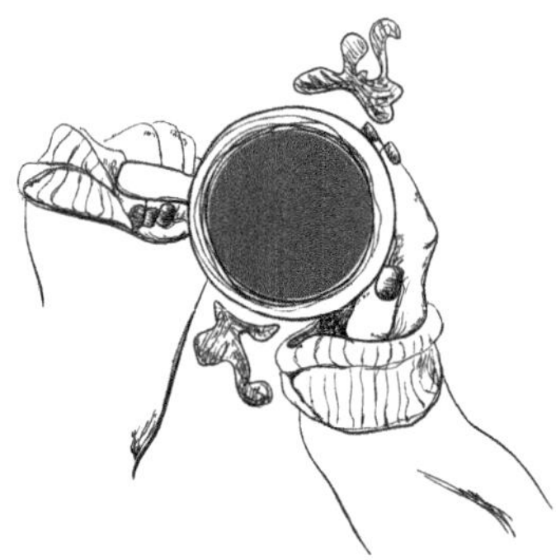

Temps de préparation : 10 minutes
Temps de cuisson : 10 minutes

Ingrédients (pour 8 personnes) :

- *2 litres de lait*
- *2 tablettes chocolat noir*
- *3 grosses cuillerées de crème fraîche épaisse*
- *4 cuillerées à soupe de cacao en poudre amer*
- *Du sucre roux*
- *Un peu d'extrait de vanille*
- *Quelques pincées de cannelle*

Réalisation

1. Mettez dans le lait dans une grande casserole à feu doux et attendez qu'il tiédisse.
2. Entre-temps, cassez en morceaux vos tablettes de chocolat que vous ajouterez au lait tiède. Remuez doucement jusqu'à ce que le tout soit mélangé puis ajoutez la crème fraîche.
3. Continuez à remuer avec un fouet pour que la crème fraîche ne fasse pas de grumeaux. Finalement, ajoutez le sucre (à votre convenance), l'extrait de vanille et la cannelle selon votre goût, en faisant attention que cela ne soit pas trop marqué sinon cela masquera un peu le goût du chocolat.

SAUCE AU CHOCOLAT

Temps de préparation : 10 minutes
Temps de cuisson : 5 minutes

Ingrédients

- *250 g de chocolat*
- *10 cl de crème fraîche*
- *10 cl d'eau*

Réalisation

1. Faites fondre le chocolat au bain-marie avec l'eau, sur feu doux (il ne faut pas laisser bouillir).
2. Lorsque la préparation est assez lisse, ajoutez la crème fraîche.
3. Conservez au bain-marie, jusqu'au moment de servir.

MOUSSE AU CHOCOLAT RÉCONFORTANTE

Temps de préparation : 30 minutes

Ingrédients

- *80 g de beurre*
- *300 g de chocolat noir*
- *10 blancs d'œufs*
- *250 g de sucre*
- *10 jaunes d'œufs*

Réalisation

1. Faites fondre au bain-marie le beurre et le chocolat préalablement cassé en petits morceaux. Réservez.
2. Mélangez dans un cul-de-poule les jaunes d'œufs avec le sucre, jusqu'à ce que le mélange blanchisse.
3. Incorporez le mélange chocolaté à cette préparation, mélangez.
4. Dans un second cul-de-poule, montez les blancs en neige fermes.
5. Incorporez-les délicatement (avec une maryse) au mélange précédent. Faites un mouvement lent et délicat pour ne pas « casser » les blancs montés en neige. Incorporez.
6. Transvasez votre préparation dans un joli plat de présentation (ou de jolies verrines), puis laissez refroidir et prendre pendant 12 heures au réfrigérateur.
7. Dégustez.

MOELLEUX AU CHOCOLAT INRATABLE

Temps de préparation : 15 minutes
Temps de cuisson : 25 minutes

Ingrédients (pour 4 personnes) :

- *200 g de chocolat noir*
- *200 g de beurre*
- *200 g de sucre*
- *5 œufs*
- *20 g de farine*

Réalisation
1. Faites fondre au bain-marie le beurre et le chocolat.
2. Ôtez du feu et préchauffez le four à 180 °C (thermostat 6).
3. Ajoutez le sucre et mélangez.
4. Incorporez les œufs en mélangeant bien après chaque ajout, c'est important !
5. Terminez par la farine.
6. Versez la préparation dans un moule rond ou carré de 20 cm de diamètre environ, beurré et fariné ou bien dans un moule recouvert de papier cuisson.
7. Faites cuire à 180 °C pendant 25 minutes.

LES COOKIES COCOONING

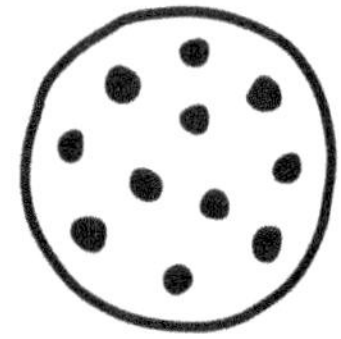

Temps de préparation : 20 minutes
Temps de cuisson : 20 minutes

Ingrédients (pour une dizaine de cookies) :

- *115 g de beurre salé à température ambiante*
- *100 g de sucre roux*
- *150 g de farine*
- *100 g de chocolat noir*

Réalisation

1. Mélangez énergiquement le beurre et le sucre.
2. Une fois que le mélange est devenu crémeux, ajoutez la farine. N'hésitez pas à malaxer la pâte avec vos mains si besoin. Réservez.
3. Concassez le chocolat noir afin d'obtenir de jolies pépites. Incorporez-les à votre préparation. Veillez à ce que l'ensemble soit bien homogène.
4. Formez une boule et disposez-la sur une feuille de papier sulfurisée.
5. Roulez cette boule entre vos mains pour en faire un boudin de 4 cm de diamètre. Entourez ce boudin de papier sulfurisé et laissez reposer au réfrigérateur 2 heures.
6. Sortez la préparation du réfrigérateur, récupérez le boudin et découpez des rondelles de 2 cm d'épaisseur.
7. Disposez ces rondelles sur une plaque de cuisson préalablement recouverte de papier sulfurisé.
8. Faites cuire une petite vingtaine de minutes à 180 °C (thermostat 6). N'hésitez pas à réaliser une cuisson moins longue. Les cookies ne doivent pas dorer. Ne vous fiez pas à la texture, vos cookies seront toujours chauds.

Les doux plats de « Maman »

GRATIN DAUPHINOIS D'ANTAN

Temps de préparation : 25 minutes
Temps de cuisson : 1 heure

Ingrédients (pour 4 personnes) :

- *600 g de pommes de terre*
- *2 cuillerées à soupe de beurre*
- *20 cl de crème liquide entière*
- *20 cl de lait entier*
- *Poivre et sel*

Réalisation
1. Préchauffez le four à 160 °C (thermostat 5).
2. Pelez les pommes de terre et coupez-les en fines tranches avec une mandoline ou un couteau.
3. Graissez un plat allant au four avec le beurre.
4. Mélangez dans un grand bol la crème fraîche et le lait.
5. Disposez les pommes de terre en couches et versez ce mélange entre chaque couche.
6. Poivrez et couvrez d'une feuille de papier aluminium.
7. Enfournez 35 minutes. Ôtez la feuille et laissez cuire encore 10 minutes afin de colorer le dessus du plat.

DOUCE PURÉE MAISON

Temps de préparation : 40 minutes
Temps de cuisson : 45 minutes

Ingrédients (pour 4 personnes) :

- *1 kg de pommes de terre (pour purée et bio de préférence)*
- *20 cl de lait*
- *Crème fraîche épaisse*
- *30 g de beurre demi-sel*
- *Un peu de noix de muscade*
- *Sel et poivre*

Réalisation
1. Épluchez et coupez les pommes de terre en gros morceaux.
2. Mettez-les à cuire dans un grand volume d'eau salée jusqu'à ce que la pointe d'un couteau rentre facilement dans la chair.
3. Passez-les alors au moulin à légumes.
4. Ajoutez petit à petit le lait préalablement tiédi, délayez et remuez avec un fouet jusqu'à l'obtention de la consistance souhaitée.
5. Incorporez quelques cuillerées à soupe de crème fraîche pour l'onctuosité, le beurre et un peu de noix de muscade râpée.
5. Rectifiez l'assaisonnement et servez bien chaud.

BLANQUETTE DE VEAU

Temps de préparation : 1 heure
Temps de cuisson : 30 minutes + 2 h 30

Ingrédients (pour 8 personnes) :

- *800 g de sauté de veau*
- *60 g de beurre demi-sel*
- *2 cuillerées à soupe de farine*
- *1 oignon*
- *4 clous de girofle*
- *5 feuilles de laurier*
- *2 branches de thym*
- *1 cube de bouillon de veau*
- *200 g d'oignons grelots*
- *2 carottes*
- *10 champignons de Paris*
- *30 cl de crème liquide entière*
- *2 jaunes d'œufs*
- *1 cuillerée à soupe de jus de citron*
- *Sel, poivre, noix de muscade*

Réalisation
1. Placez 40 g de beurre (sur les 60 g) dans une cocotte sur feu assez fort. Quand il crépite, ajoutez les morceaux de sauté de veau. Salez et poivrez.
2. Faites colorer légèrement la viande. Si elle rend du jus, faites-la s'évaporer. Quand la viande est bien saisie de tous les côtés, ajoutez la farine.

3. Mélangez soigneusement à la cuillère pour bien la répartir dans la cocotte. Tout en mélangeant, ajoutez progressivement de l'eau froide. Vous devez en ajouter suffisamment pour recouvrir totalement la viande.
4. Placez les feuilles de laurier, les branches de thym et le cube de bouillon de veau.
5. Coupez l'oignon en deux et piquez chaque moitié avec deux clous de girofle. Placez-les ensuite dans le jus.
6. Fermez le couvercle, puis baissez le feu au minimum pour maintenir une légère ébullition. Faites cuire pendant 2 ou 3 heures en mélangeant de temps en temps. Vérifiez de temps en temps la cuisson, ajoutez de l'eau si besoin.
7. Retirez ensuite la viande du jus avec l'oignon, le laurier et le thym. Remplacez-la dans la cocotte par les oignons grelots épluchés et les carottes épluchées et coupées en rondelles.
8. Lavez les champignons, ôtez une partie du pied, puis coupez-les en tranches. Ajoutez-les à la cocotte.
9. Faites cuire tous ces légumes 30 minutes. Les légumes doivent être cuits comme il faut et le jus un peu réduit et onctueux. Versez alors la crème.
10. Salez, poivrez et ajoutez de la noix de muscade dans la sauce. Goûtez et rectifier l'assaisonnement.
11. Mélangez dans un bol deux jaunes d'œufs. Versez petit à petit une bonne louchée de sauce encore chaude. Ajoutez le jus de citron. Mélangez bien, puis versez dans la cocotte sur le feu et bien chaude tout en fouettant.
12. Ajoutez les 20 g de beurre demi-sel restants, mélangez bien : la sauce est devenue très onctueuse.

13. Remettez la viande et les légumes dans la sauce et maintenez au chaud jusqu'au moment de servir.
Dégustez avec du riz !

RACLETTE POUR LES SOIRS D'HIVER

Temps de préparation : 20 minutes
Temps de cuisson : 20 minutes

Ingrédients (pour 6 personnes) :

- *1 kg de fromage à raclette coupé en tranches (bio de préférence)*
- *12 pommes de terre (prévoir plus si elles sont petites)*
- *6 tranches de jambon blanc*
- *12 tranches de saucisson*
- *12 tranches de mortadelle*
- *6 tranches de jambon cru*
- *1 bocal de cornichons*
- *1 bocal de petits oignons*

Réalisation
1. Préchauffez le four à 180 °C (thermostat 6).
2. Nettoyez la peau des pommes de terre (avec une brosse si besoin), puis faites-les cuire à la cocotte-minute une vingtaine de minutes.
3. Disposez-les ensuite dans un joli plat allant au four. Déposez par-dessus toutes les tranches de fromage.
4. Enfournez une dizaine de minutes à 180 °C.

5. Une fois le fromage totalement fondu, sortez le plat du four et présentez-le à table.
6. Présentez également un joli plat de service avec toute la charcuterie, les cornichons et les petits oignons.
7. Chaque convive se sert dans son assiette.

Un brunch 100 % danois

SMØRREBRØD AU HARENG (POUR 4 TARTINES)

Temps de préparation : 20 minutes
Temps de cuisson : 20 minutes

Ingrédients (pour 8 personnes) :

- *2 tranches de pain noir complet*
- *2 filets de hareng fumé*
- *4 cuillerées à soupe de crème fraîche*
- *3 gros cornichons à l'aigre doux*
- *4 à 6 petits radis*
- *Un peu de citron pour le service*
- *Du beurre, du sel*

Réalisation

1. Coupez les tranches de pain en deux et beurrez-les. Coupez les cornichons en rondelles pas trop fines et déposez-les sur le pain. Lavez les radis et tranchez-les finement.
2. Retirez un maximum d'arêtes des filets de harengs puis coupez-les en lamelles épaisses. Disposez-les sur le pain de manière à recouvrir les cornichons.
3. Nappez généreusement de crème, salez légèrement et décorez avec les rondelles de radis.
4. Parsemez (cela reste facultatif) de quelques herbes fraîches (aneth, ciboulette, etc.) Servez froid avec un peu de jus de citron.

LE KNÆKBRØD – CRACKERS AUX GRAINES

Temps de préparation : 20 minutes
Temps de cuisson : 20 minutes

Ingrédients (pour 8 personnes) :

- *25 g de flocons d'avoine*
- *30 g de graines de sésame*
- *30 g de graines de tournesol*
- *50 g de graines de courge*
- *125 g de farine de seigle*
- *6 g de levure chimique*
- *1 cuillerée à café de sel*
- *135 ml d'eau*
- *80 g d'huile*

Réalisation

1. Mettez les graines de sésame dans un poêle et faites-les dorer à sec sans rien ajouter d'autre.
2. Versez dans un saladier ou un cul-de-poule la farine de seigle, les flocons d'avoine, les graines de courge et de tournesol.
3. Ajoutez 1 cuillerée à café de sel dans le bol. Ajoutez les graines de sésame dorées et la levure chimique.
4. Mélangez les ingrédients secs.
5. Pesez l'huile et l'eau dans deux verres séparés.
6. Faites un puits au centre des farines/graines et versez l'eau, puis l'huile.
7. Mélangez soigneusement le tout. Cela donne une pâte ni liquide ni dense mais entre les deux. Préchauffez le four à 180 °C (thermostat 6).
8. Posez une feuille de papier sulfurisé sur le plan de travail et disposez la moitié de la pâte. Recouvrez avec une autre feuille de papier sulfurisé.
9. Étalez la pâte prise entre les deux feuilles le plus finement possible.
10. Retirez délicatement la feuille de papier du dessus.
11. Formez les crackers à l'aide d'un emporte-pièce ou avec une roulette pour pizza ou un couteau à défaut. Faites glisser la feuille sur une plaque à pâtisserie pour que le dessous des crackers soit bien plat.
12. Enfournez pendant 20 minutes. Sortez du four et redécoupez avec un couteau les lignes déjà tracées avec soin, il vaut mieux le faire pendant que la pâte est encore bien chaude et donc pas trop cassante.

LE DRØMMEKAGE - GÂTEAU DE RÊVE

Temps de préparation : 20 minutes
Temps de cuisson : 20 minutes

Ingrédients (pour 8 personnes) :

- *100 ml de lait*
- *2 œufs*
- *150 g de sucre*
- *50 g de beurre + 20 g pour le moule*
- *½ cuillerée à soupe de sucre vanillé*
- *1/ cuillerée à café de levure chimique*
- *125 g de farine*

Pour le glaçage :

- *50 g de beurre*
- *75 g de noix de coco râpée*
- *80 ml de lait*
- *110 g de sucre roux*

Réalisation

1. Préchauffez le four à 180 °C (thermostat 6).
2. Faites chauffez le lait dans une casserole, puis incorporez le beurre pour le faire fondre. Réservez.
3. Dans un cul-de-poule, battez les œufs avec le sucre, jusqu'à l'obtention d'un mélange mousseux.
4. Ajoutez ensuite le sucre vanillé, la levure et la farine préalablement tamisée.

5. Versez le mélange tiède de lait et de beurre par-dessus, puis battez vigoureusement.
6. Beurrez un moule de 25 cm de diamètre environ et de 5 cm de hauteur.
7. Versez la préparation et enfournez 20 minutes.
8. Pendant ce temps, préparez le glaçage en disposant dans une casserole le beurre, la noix de coco râpée, le lait et le sucre roux.
9. Faites fondre ces ingrédients à feu doux, sans cesser de remuer. Réservez.
10. Quand le gâteau est cuit, déposez de façon harmonieuse le glaçage sur le dessus.
11. Enfournez de nouveau pour 5 petites minutes.
12. Sortez le gâteau du four et laissez refroidir totalement.
13. Dégustez dans une belle assiette !

Ce qui est hygge en cuisine

- Cuisiner des gâteaux au quotidien. Pourquoi réserver cela à des occasions particulières ? Chaque jour est une fête, non ?
- Accorder une attention particulière à la présentation.
- Décorer son gâteau, même très simplement (un peu de sucre glace, des copeaux de chocolat, des pétales de fleurs, une feuille de menthe…).
- Déguster sa part de gâteau dans une belle assiette et avec une bonne tasse de thé ou de café !
- Cuisiner avec son amoureux ou ses enfants.

Le vin, si hygge et pourtant si français !

Dans les produits typiquement français, on ne nous pardonnerait pas de ne pas évoquer le vin en premier.

En France, si parfois le « vain pur monte à la tête », le bon vin, lui, reste là où il faut, et produit son effet hygge – dans les limites, cela va de soi, d'une consommation raisonnable !

En quelques chiffres, voici ce que ça donne :

- 85 % des Français considèrent que le vin est une des composantes majeures de l'art de vivre à la française.

- 75 % des Français parlent régulièrement du vin avec leur entourage. Seuls la musique et le cinéma sont des sujets plus souvent abordés (85 %). Le vin devance le football (51 %), ce qui pourra en surprendre plus d'un, alors qu'en fait ce n'est qu'une demi-surprise, car la France a toujours été un pays aux mœurs trop raffinées pour un être un vrai pays de football.

- 86 % des Français pensent que le vin permet de passer un bon moment. Les Français voient le vin comme le symbole de tradition (92 %), de convivialité (91 %), d'authenticité (87 %), de partage (87 %) et d'héritage (78 %).

- 70 % des Français possèdent une cave ou au moins quelques bouteilles de côté. Ils se fournissent principalement en grandes surfaces (76 %), un peu moins chez le producteur ou dans une coopérative (50 %), chez un caviste (36 %), dans les foires ou les salons (24 %) ou bien encore sur internet (8 %). 68 % des Français disent avoir besoin de l'avis et des conseils d'un caviste pour les guider dans le choix du bon produit. Ils pensent à 60 % que pour vraiment apprécier le vin il est nécessaire d'être un spécialiste ou fin connaisseur. 54 % des gens interrogés ne comprennent en effet pas à quoi correspondent les informations écrites sur les étiquettes des bouteilles.

- Lors d'une invitation à dîner chez des amis, une bouteille de vin est offerte dans 89 % des cas aux hôtes.

- Pour 96 % des Français, le vin évoque la beauté des paysages de la France et participe largement à son rayonnement international.

- Pour 82 % des Français, le vin se partage de préférence entre amis ou en famille, chez soi ou chez les proches à l'occasion d'un bon repas. Il est ainsi synonyme de bien vivre ensemble (76 %). Les Français sont 79 % à essayer de dénicher la perle des vins locaux au cours de leurs vacances, ce qui va dans le sens d'une augmentation de ce qu'on appelle « l'œnotourisme ». Le nombre d'œnotouristes par an en France est de 10 millions. 56 % des Français approfondissent leur passion pour le vin et parcourent le pays pour visiter caves, découvrir de nouveaux cépages et se familiariser avec les millésimes. La culture vinicole semble définitivement appartenir à la culture du patrimoine français.

- Enfin, pour 58 % des Français interrogés, le vin contribue à les rendre heureux, à les détendre et à les rendre moins stressés. Si le vin est l'élément qu'on associe en premier au repas de qualité (87 %), il se consomme aussi sans occasion particulière (54 %) ou pour fêter un événement exceptionnel (38 %).

(Source : le dernier baromètre IFOP / Vin & Société 2014.)

Le vin fait est donc un élément majeur du patrimoine culturel des Français. S'il est hygge, c'est parce qu'il contribue à les rendre heureux. Il génère du lien autour de lui, et participe à l'établissement d'une atmosphère détendue, conviviale et positive.

Il faut savoir – et ceci montre à quel point le vin est maintenant assimilé au patrimoine français de l'art de vivre – que les Sénateurs ont adopté à l'unanimité, dans la nuit du vendredi 11 au samedi 12 avril 2012, un amendement au projet de loi sur l'agriculture. Le texte adopté reconnaît que « *le vin, produit de la vigne, et les terroirs viticoles font partie du patrimoine culturel, gastronomique et paysager de la France* ». L'auteur de l'amendement, le sénateur Roland Courteau (PS), a ajouté que « *le vin exprime un patrimoine vivant, [qu']il fait partie du patrimoine culturel, littéraire mais également gastronomique, paysager, architectural, matériel, économique et social, aussi bien sûr avec des centaines de milliers d'emplois* ».

Prévention et santé

Le vin est un alcool, et l'alcool, consommé avec excès, contredit entièrement les préceptes sous-tendus par le hygge, à savoir profiter, en pleine conscience, des bonheurs que la vie quotidienne nous offre. Le vin ne saurait être autre chose qu'un petit plus. Une sorte d'élément décoratif participant au bien-être général, mais sachant garder son rang. Aussi, sans même parler des excès possibles, la question de la santé est primordiale.

Pour les professionnels du vin, ce qui est problématique, ça n'est pas l'énorme médiatisation autour de la prévention de l'alcool au volant et notamment chez les jeunes, et toute la répression qui en est la conséquence ; non, ce qui est difficile, c'est l'absence de leviers et de moyens de communication qui devraient accompagner un produit prestigieux comme le vin.

En termes de santé, la meilleure prévention, c'est encore l'éducation. La culture du vin gagnerait à être enseignée dès l'école primaire. Le mal de l'alcoolisme, ainsi débusqué, causerait moins de dégâts ensuite. C'est comme la littérature ou la gastronomie, c'est une culture qu'il faut transmettre.

Cet enseignement, s'il existait, pourrait dissocier la consommation du vin des effets néfastes du binge drinking et contribuerait surtout à privilégier la qualité plutôt que la quantité ; le vin redeviendrait ainsi cette boisson dont les effets sont bons pour l'homme, ainsi que s'accordent à le dire maints spécialistes : bu avec modération, le vin est bon pour la santé, pour les artères, pour la fluidité du sang, pour combattre le mauvais cholestérol…

Mais le vin possède également, et ce n'est pas le moindre de ses charmes ensorcelants, le don de faire parler de lui. Et lorsqu'on l'évoque, la langue se fait évocatrice, chaude, sensuelle. Rabelaisienne. L'idée du rêve, de la joie, d'une ivresse libératrice et créatrice est également associée à ce breuvage.

Pour en jouir complètement, de ce breuvage, on doit le mériter, et en passer par une éducation, voire une initiation, et cette démarche, autant symbolique que concrète, ne compte pas pour rien dans la « légende » du vin, qui a ses initiés, ses apprentis, ses maîtres. Il y a donc toute une mythologie, et presque une mystique alchimique derrière cette passion pour le vin.

Idées hygge autour du vin

- Préparez une soirée « Vins et fromages » avec des amis ou de la famille. Fouinez chez les cavistes, parlez-leur de votre projet. Qu'ils vous fassent découvrir les meilleures bouteilles, c'est-à-dire les bouteilles adaptées aux plats que vous cuisinerez et aux gens que vous aurez invités... N'oubliez pas de leur demander quels fromages se marient avec les bouteilles qu'ils choisiront pour vous, et pensez au pain (mais quel Français oublie ça ?).
- Question présentation, optez pour des assiettes en ardoise et des verres à pied à résistance « spécial enivrement »... Réunissez votre beau linge autour de la table basse, adossez-le à de bons coussins et recouvrez-le, si besoin de longs plaids. Si vous n'avez pas de cheminée, pourquoi ne pas mettre un très léger fond de musique d'ambiance ?
- Ritualisez votre verre de vin rouge... Changez vos habitudes. Sortez de chez vous et dirigez-vous vers le plus proche bistro (à condition que vous vous y sentiez bien, évidemment ! Sinon marchez un peu, c'est hygge, la marche). Entrez. Saluez. Demandez UN verre de vin rouge. Goûtez-le. Apprivoisez-le. Tentez la discussion avec le voisin ou la voisine. Et refaites ça tous les jours. Changer de vie, c'est accepter la solitude. Jusqu'à y trouver son bonheur... Vous le trouverez vite, car on viendra rapidement vous tenir compagnie.
- Offrez-vous une journée de découverte de l'œnologie. Pour ça, contactez un caviste. Il vous conseillera. Ces journées sont passionnantes à plus d'un titre. On y découvre des vins, des saveurs, des plaisirs et des gens. L'atmosphère est souvent très sereine, le public très attentif.

Le vocabulaire du vin

Cépage

Le «cépage » est le nom commun donné à une variété de vigne. Dans chaque région s'est développée la culture de certains cépages, à chaque fois adaptée aux conditions climatiques locales, pouvant être très différentes d'une région à l'autre. Le raisin de chaque cépage influence toute la gamme des arômes que l'on retrouve dans le vin qui en est issu.

Terroir

« Un terroir est un ensemble de vignobles d'une même région et d'une même appellation, partageant le même type de sol et de conditions climatiques, qui contribuent à donner au vin une spécificité unique. »

Vinification

La vinification regroupe l'ensemble des étapes du traitement de la vendange depuis le pressurage (extraction du jus/moût) jusqu'à l'obtention de vin à proprement parler. Selon le type de vin recherché (voir ci-dessous), l'œnologue peut faire le choix de différentes techniques de vinification qui mèneront chacune à un type de vin particulier ou finiront par favoriser certaines caractéristiques du cépage vinifié (fruité, extraction polyphénolique, acidité, etc.).

Tout cela donne envie… Mais peut-être n'êtes-vous pas diplômé en œnologie ? Alors laissez-nous vous aider à découvrir, interloqué, stupéfait, enivré « comment qu'on fait ! ».

Découvrez un vin rouge en mode hygge

La rencontre visuelle

Vous venez de découvrir la bouteille. Touchez-la. Jaugez-la. Le plaisir commence dès maintenant, dans ce premier contact. Ce que vous pouvez lire sur l'étiquette de la bouteille doit faire monter le désir, en vous, de connaître la saveur. Mais si vous voulez vraiment jouer à l'œnologue, demeurer objectif et parfaire votre entraînement, l'idéal est de ne pas regarder pour l'instant le nom de la bouteille.

Après vos mains, vos yeux. Vous n'aurez besoin que d'eux pour observer la physiologie du vin, son mouvement, sa vie à l'intérieur du verre.

Voici maintenant la liste des quatre choses que vous pouvez observer :

- La robe : il s'agit de la couleur du vin. Pour observer sa teinte, sa nuance, inclinez le verre pour l'amincir, puis observez-le sur un fond blanc dans un endroit bien éclairé.

- La limpidité : il s'agit de la clarté du vin. Inclinez de la même façon le verre, puis observez le vin. Est-il plutôt limpide, trouble ou voilé ?

- La brillance : il s'agit à présent d'observer les reflets du vin. Inclinez de la même façon le verre. Appréciez les reflets du vin.

- Les larmes : il s'agit de la propension du vin à accrocher sur les parois du verre. Inclinez de la même façon le verre pour que le vin tapisse la paroi du verre, redressez-le, puis observez. Le vin accroche-t-il ? Est-il lisse ou plutôt épais ?

La rencontre olfactive

Après les mains, surtout après les yeux, vous aurez à plonger votre nez dans le verre, et à vous rapprocher de cette boisson si convoitée.

Agitez lentement et soigneusement votre verre. Faites faire de petits cercles à votre verre, à plat (posé ou non). Faites en sorte que le vin remonte sur les parois du verre. Sont décrites à ce moment les palettes des arômes d'un vin (floral, fruité, minéral, animal...). Il existe de nombreux autres arômes (framboise, violette, calcaire, fumé, etc.). À vous d'essayer de les détecter.

Nota bene

Le « premier nez » est le terme utilisé pour parler de ce que vous allez sentir avant d'agiter votre vin, alors que le « deuxième nez » est le terme utilisé pour parler ce que vous allez sentir après avoir agité le vin.

La rencontre gustative

Vient ensuite la dégustation. Prenez une gorgée, gardez le vin en bouche, « mâchez-le », puis avalez-le (ou recrachez-le, selon la situation). Les professionnels déterminent ici l'attaque du vin, la première impression que laisse le vin dans la bouche, la matière (il s'agit de la sensation de volume que procure le vin), puis « la fin de bouche » (les arômes perçus persistent après avoir avalé le vin).

En conclusion

Pourquoi vous faire subir, à vous, apprenti-hygge, l'initiation à l'œnologie ? Parce que le vin est un plaisir à la fois simple et d'érudit, et qu'une différence est à faire entre la consommation et la dégustation. Cette dernière transcende l'acte mécanique et protocolaire de boire, jusqu'à en faire une véritable expérience de vie, tout simplement.

En agissant de la sorte, vous connaîtrez le vin, vous saurez si vous l'aimez ou non et surtout vous saurez pourquoi ! Et puis, bien sûr, vous découvrirez quel est le vin qui vous convient, celui que, plein de fierté, au restaurant, vous demanderez au sommelier…

Un verre de vin, sur une guinguette, au bord d'un fleuve ; ou la dégustation d'un vin chaud, chargé d'épices de Noël, sont deux purs moments hygge.

Le pain, si hygge et pourtant si français !

Si la relation entre les Français et le vin peut s'apparenter à une passion tumultueuse et intense, faite de renoncements, d'élans et de séduction, le lien qui unit ces mêmes Français au pain est quasiment fusionnel. Ce n'est pas de la rage, c'est un amour simple, filial, évident, naturel. Le pain est plus encore que le vin viscéralement français.

Le pain se paie, lui aussi, son lot de clichés. Le Parisien avec son béret et sa baguette sous le bras en est le plus universel et le plus indécrottable. Aujourd'hui, si le décor a changé et les tenues aussi, la baguette, la bannette, la ficelle, le gros pain de campagne sont toujours là ! Comme nos chers boulangers, ces oiseaux de nuit un peu rustres qu'on ne fait que croiser et sans qui nous aurions l'air de quoi, à table ? Le pain est fédérateur. Le pain est rassurant, central dans l'alimentation des Français. Le pain nous protège. Nous l'aimons, notre pain, et notre bien-être passe par lui – il eût été plus noble que ce bien-être passât par des choses plus sérieuses et moins gourmandes, mais c'est ainsi. Le Français a un ventre.

Des chiffres, encore, mais rapidement.

L'enquête Ifop réalisée pour L'Observatoire du Pain confirme la place du pain comme aliment incontournable dans le quotidien des Français : plus de neuf Français sur dix en ont toujours chez eux. 51 % avouent même ne pas pouvoir s'en passer. 95 % en mangent au moins lors d'un repas et sa consommation à chaque repas est le fait de près d'une personne interrogée sur cinq (19 %) quand 41 % affirment en manger lors de trois repas par jour. Sinon le pain est consommé au dîner (82 %), au déjeuner (76 %), au petit déjeuner (73 %) et au goûter (26 %) et jusqu'à 54 % dans les familles de trois enfants et plus. Comme le vin, le pain est naturellement associé aux bons moments partagés, mais son quotient familial est plus élevé (le pain inclut toute la famille, au contraire du vin et aussi, parfois, du fromage, trop fort). Le pain est donc particulièrement apprécié « en accompagnement d'un bon repas » (89 %) ou « pour déguster un morceau de fromage » (90 %), ou encore en tartine lors du petit déjeuner (84 %). Il est aussi source de plaisir dans la mesure où 97 % sont « contents » lorsqu'ils trouvent du pain frais sur la table, 87 % sont reconnaissants envers la personne qui a pensé à le prendre. Car un être humain a beau avoir toutes les qualités du monde, être beau, altruiste, drôle, compatissant, courageux, patient, résistant, s'il oublie d'acheter du pain, malheur à lui…

On lui pardonnera, s'il pense à l'acheter, d'en grignoter le « quignon », comme 79 % des Français avouent le faire. Enfin, 72 % des Français associent au pain les idées de « tendresse », de « moelleux », et « bonne odeur ».

Source : Les Français et le pain (Ifop pour l'Observatoire du pain).

Comme pour le vin, le pain, outre leur symbolique christique commune, génère une sorte de ritualisme magique. Par exemple, poser le pain à l'envers sur une table porte malheur (certaines personnes ne supportent la vue d'un pain posé à l'envers !). Chez d'autres personnes, on ne coupe jamais le pain, mais on le rompt…

Vous avez ainsi toute une suite de comportements plus ou moins rationnels qui se sont développés en France autour du pain, accusant du même coup sa pérennité et son importance dans la culture de notre pays…

Néanmoins, au rapport charnel avec le pain, on a tendance, aujourd'hui, à préférer un rapport express et plus utilitaire… En effet, on ne va plus, forcément acheter du pain tous les jours, mais on congèle sa baguette. Toutefois, avec l'apparition des machines à pains, on se transforme soi-même en boulanger de jour, ce qui permet d'avoir un contact, un peu frelaté, certes, mais bien réel, avec la pâte (notons cependant qu'on peut très bien faire son pain sans ces fameuses machines, juste avec un bon vieux four classique…).

On achète encore le pain dans les boulangeries artisanales, qui demeurent une particularité bien française (nous jetterons un voile pudique sur tous les fantasmes que n'a pas manqué de susciter la boulangère, aux miches généreuses...). On peut juste regretter le manque de choix, parfois, dans la cuisson du pain, et les horaires d'ouverture, assez peu pratiques en soirée ou le week-end.

Le pain, comme le vin, jouit d'une mauvaise réputation. Ainsi Coluche : « J'ai commencé un régime. Je mange plus de pain avec les pâtes ! » Le pain ferait grossir et ne « tiendrait » pas au ventre... C'est probablement cet aspect léger, décoratif, superflu, qui nous plaît dans le pain, et fait qu'il ne s'exporte pas si facilement...

Pour un vrai moment hygge autour du pain, amusez-vous à le préparer avec une machine à pains et dans votre four, créez un événement, un atelier, faites participer les enfants, comparez les résultats. Aucune recette n'est parfaite. Laissez le hasard, ou le génie, agir...

En tout cas, l'odeur du pain en train de cuire qui se répand dans la maison : voilà un autre pur moment hygge...

L'odeur du fromage ? Moins hygge...

Quoique.

Le fromage est comme une frontière naturelle entre nous et certaines contrées, qui ne comprennent pas comment nous pouvons aimer cette mixture puante et, parfois, moisie. Carrément interdit aux États-Unis, pour certains, le fromage départage les êtres : il y a ceux qui savent, et les autres.

Trouver son point hygge avec le fromage est possible. Et même fatal, puisque, après le vin et le pain, le fromage clôt la sainte-trinité du bon, du grand, du sublime repas français !

Un super moment hygge, c'est un repas plateau fromage, arrosé du vin idoine. Ou bien c'est aller chercher son fromage directement chez le producteur, à la ferme... Car le fromage est, comme le miel, un produit dont il est aisé – à condition de le vouloir vraiment – de suivre, pas à pas, le processus de fabrication.

Les chiffres donnent le vertige : la France compte près de mille fromages différents dont des pâtes molles, persillées, pressées et des pâtes cuites non pressées. Quarante-cinq fromages bénéficient de l'Appellation d'Origine Contrôlée et trente-huit d'une Appellation d'Origine Protégée.

Avec 24 kg de fromages consommés par an et par habitant (et six portions par semaine par consommateur), les Français sont parmi les plus gros consommateurs du monde, juste derrière les Grecs (25,4 kg). Eh oui ! Nous ne sommes pas les plus gros mangeurs de fromage du monde, un mythe s'effondre… Notons toutefois que le fromage est le produit laitier le plus consommé, devant le yaourt.

Les pâtes molles (camembert, coulommiers, munster…) représentent plus de la moitié des actes de consommation en France, suivies par les pâtes pressées cuites (emmental, comté…) qui sont des fromages très répandus et plus consensuels.

Certains préfèrent les fromages de consommation plus sélective et plus régionale, comme les fromages de chèvre, dont l'offre est, en outre, rendue plus attractive en raison d'une multitude de formats et de la variété des goûts qui sont proposés.

En France, les hommes consomment plutôt des fromages traditionnels à goût typé, camembert ou pâtes persillées, les femmes surconsomment des fromages à goûts doux : fromages frais salés ou fondus. Les enfants (2-14 ans) consomment surtout des fromages fondus ; par ailleurs la part de leur consommation hors domicile est plus importante.

Les 10 fromages préférés des Français !

1. Le camembert
2. Le chèvre
3. Le brebis basque
4. Le comté
5. L'emmental râpé
6. Le saint-nectaire
7. Le cantal
8. L'emmental en morceau
9. Le reblochon
10. Le roquefort

(Source : étude GFK 2011)

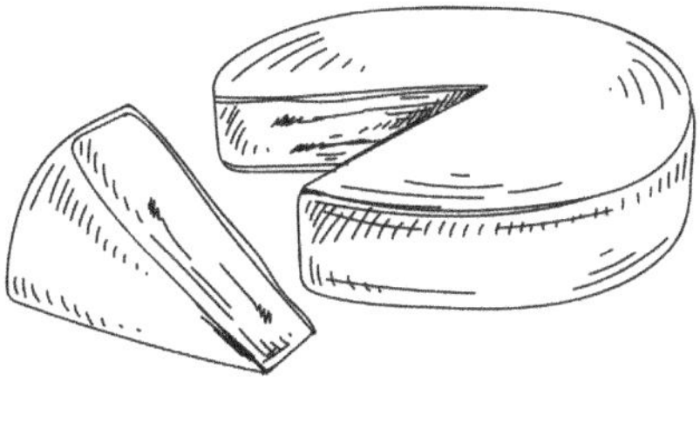

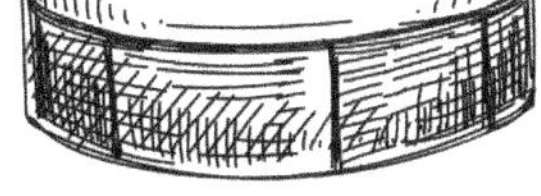

Le café, si hygge et pourtant si français !

Le café est une institution franco-hygge dans ses deux acceptions : celle du contenant (le lieu, le café-brasserie-bistro) et celle du contenu (la boisson).

On peut avancer, au sujet du premier, dans lequel on ne consomme pas forcément le second (mais on le consomme beaucoup quand même), qu'il serait, en soi, l'endroit le plus naturellement hygge de France...

Il s'y concentre, c'est vrai, une étonnante qualité d'attente et de contemplation ; on y trouve, partagé, un fort goût de la discussion, de l'envie d'apprendre et d'échanger, de telle sorte que les cafés, lieux de l'amitié possible et d'un certain bien-être (quand ils n'empestent pas la musique assourdissante, la crasse et le manque de gentillesse – ce qui arrive), sont le lieu parfait d'une expérience hygge strictement française.

On y vient pour quoi faire ? Pas pour y travailler, ou alors pas sérieusement. On vient pour regarder, entendre, comprendre les autres, les voir passer, dehors, et les voir nous voir les voir passer. Parce que, c'est Sartre qui l'a écrit, il ne se passe jamais rien dans les cafés. Et c'est pour ça qu'ils sont si précieux, si nécessaires aux Français moyens, supérieurs, ouvriers : à tout le monde ! Au snob qui n'a jamais connu autre chose que son quartier comme au retraité qui a bourlingué toute sa vie et qui la termine, apaisé, repu, dans ces cocons urbains devant lesquels le monde se cabre et à l'intérieur desquels on constate qu'effectivement il s'est arrêté…

Ne négligeons pas la part de vanité qu'il peut y avoir à ne fréquenter que les cafés : cette surprésence s'appelle la mondanité, et elle aussi, quand elle reste décente, c'est-à-dire quand elle est consciente et que sa part de comédie est réduite, fait partie du hygge à la française…

Quant à la boisson café, voici quelques chiffres : sept Français sur dix boivent du café tous les jours. Huit Français sur dix ne peuvent pas se passer de leur café du matin ; qu'il soit noir, allongé, au lait ou serré. Les 18-24 ans sont 56 % à en consommer tous les jours. Les gros consommateurs (plus de six tasses par jour) sont en revanche peu nombreux : 10 % des sondés. C'est entre 16 et 20 ans que 48 % des Français consomment leur première tasse. La catégorie des 45-64 ans est celle qui consomme le plus de café (95 % des personnes de cette tranche d'âge en consomment plus de deux tasses par jour), vient après celle des 25-44 ans, puis celle des 15-24 ans et enfin celle des 65 ans et plus.

Considéré comme un excitant, le café est pourtant associé à un moment de détente pour 66 % des Français et 86 % préfèrent le déguster à la maison. C'est en cela que le café est hygge : sa consommation, loin de répondre au besoin irrépressible (sauf dans certains cas) « d'être à fond » ou à la nécessité absolue de « tenir debout » (ça peut arriver, dans les tranches d'âges plus âgées, pour qui le café sert de « réveil »), cette consommation s'inscrit dans la recherche d'un espace bien-être – souvent l'occasion d'en fumer une petite, au passage. C'est la fameuse et proverbiale « pause-café », sésame qui permet, sur les lieux de travail, une véritable et oxygénante socialisation. Ainsi, 59 % des Français associent le fait de boire un café à un moment de convivialité et de bon temps lorsqu'il est consommé à l'extérieur, au petit déjeuner, après le repas, entre amis ou en famille.

Il y a une recherche de la qualité, dans le café, comparable à celle qu'on retrouve chez les amateurs de thé – auquel on l'a souvent opposé, comme si le thé était noble et sophistiqué, et le café fruste et sans nuances. Dans cet ordre d'idée, 43 % des buveurs de café déclarent faire attention à la provenance du café et 38 % estiment qu'une marque est gage de qualité.

(Source : EasyPanel Les Français et le café - 2015)

De plus en plus de consommateurs raffinent sur le café, qui se déguste comme du vin, en dépit des machines qu'essaie de nous vendre George Clooney et qui, au lieu de nous rendre plus précieuse la saveur, riche et multiple, du café, nous en impose une – ni dégoûtante ni délicieuse.

Ne le nions pas : il est des êtres chez qui le café produit un fort effet laxatif… Ceux-là ont donc renoncé au café, mais pas au plaisir énorme, et si hygge, d'en sentir l'odeur si particulière, si chaude, pleine de réminiscences… Qui n'a pas tressailli en saisissant, au hasard d'un passage, ou s'échappant d'une cuisine, cette odeur à la fois mâle et femelle, qui semble renfermer le secret de l'enfance (la même chose arrive parfois avec certaines odeurs de cigarettes) ?

Les machines à torréfier sont aujourd'hui d'une qualité incroyable, et elles permettent de retrouver cette magie du grain du café…

Moments hygge autour du café

- Prendre son café au bistro en bas de chez soi ou sur le chemin du travail. C'est très réconfortant de voir les autres aussi mal réveillés que nous. Tout le monde est fatigué, sauf le barman, les yeux injectés et en plein rush. On regarde dans la rue, à travers la vitre, ses semblables s'agiter en vain. On se pelotonne dans son pull en laine, en frissonnant dans un demi-sourire, parce que la vie c'est ça et que c'est très bien comme ça.
- Le « café des mamans » après avoir déposé les enfants à l'école.
- Recevoir chez soi pour des cafés gourmands avec cafés de choix et mignardises maison.

Soyez hygge au quotidien

Apprenez à voir la beauté autour de vous au quotidien

Pour pratiquer la gratitude au quotidien, il ne faut pas être un saint. Laissons les saints accomplir ce qu'ils doivent accomplir sans rien demander à personne, et parlons entre gens de tous les jours, entre gens normaux, avec nos accès de grâce, et nos défaillances et imperfections – si nombreuses.

Celui qui imagine que le hygge est un exercice d'autopersuasion, une énième variation autour du développement personnel, un nouveau casse du coaching, celui-là se trompe, ou alors, si effectivement le hygge tel que vous le découvrez en lisant ce livre ressemble à ça, la faute n'en revient qu'à son auteure.

La gratitude intervient naturellement dans la vie de la personne qui a compris deux choses au sujet de la beauté : qu'elle demeure sans équivalent bien qu'on la sache irréelle et passagère ; et qu'il n'y a rien de plus simple et de plus partageable. Une chose belle qui ne se partage pas n'est belle qu'en théorie (et certaines théories sont sublimes !) car il lui manque la pierre de base de la beauté : l'émotion. L'émotion a cette particularité d'être véhiculée par elle-même, de n'avoir besoin de rien d'autre qu'elle-même, étant donné qu'elle est son propre véhicule, qu'elle est mouvement.

Quand on est sûr de ce qui précède, quand on a compris que tout ce qui vit est mouvement, et par conséquent beauté, comment ne pas lâcher, une bonne dizaine de fois par jour, ce grand « oui » cosmique à la vie ? Comment ne pas se sentir comblé et même, d'une certaine façon, invincible, inviolable, immortel, en ce sens que rien même le temps (c'est-à-dire l'autre grand mouvement qui s'oppose souvent à la beauté, à savoir la mort) n'a plus prise sur cette exaltation concrète, vérifiable, transmissible et jamais dogmatique, puisqu'elle n'obéit qu'à ce qui est puissant, c'est-à-dire à la vie même ?

On se moque facilement des exaltés, dont certains fous ne sont qu'une forme plus poussée, et peut-être plus parfaite, d'incarnation. On les traite d'idéalistes, de possédés, de ravis de la crèche. Mais on ne trouve pas sa vérité sans passion ! Et puis le hygge n'a pas d'idéal, puisque l'idéal suppose une distance entre soi et lui. Le hygge abolit toute idée de distance et propose que, en attendant de souffrir, nous vivions intensément, et qu'en observant, nous ne soyons plus observateurs, mais participions, déjà, de la chose observée.

Idée hygge

Pratiquer la marche. Ritualiser la balade. Savoir qu'une légère montée favorise la réflexion, et que la plupart des grands esprits, de tout temps, ont beaucoup marché pour se connaître.

Balade hygge

Dans la rue, dans la ville : regardez chez les gens à la tombée de la nuit….

Soyez poli et bienveillant avec les gens

C'est ici que le paradoxe naît. Car l'intensité devrait entraîner dans son sillage étourdissant des activités extrêmes, frénétiques, insensées, peut-être même dangereuses ?... Or l'intensité a plutôt à voir avec la concentration. Un vert intense n'évoque pas une gigue endiablée à celui qui le contemple, mais plutôt une sensation de condensation magnétique, de cohérence, de solidité, de puissance intérieure.

L'idée de base du hygge est qu'on se rend soi-même heureux en étant gentil et bienveillant. La gentillesse, cette qualité narguée et inutile dans nos sociétés de commerces, de machinations et de palabres, pourrait s'avérer utile dans les sociétés à venir, si toutefois le monde a encore assez de force pour en accueillir de nouvelles. La force du sourire a été démontrée par de nombreux psychologues du comportement, et la méthode Coué (on a les Mantras qu'on peut !) n'a jamais été sans quelques franches réussites, alors, oui, être hygge, c'est aussi accepter de sourire, de faire le pas de côté, celui qui ouvre la voie, le chemin, à ceux qui en ont besoin.

Se lancer des défis (du genre : « aujourd'hui je souris à XX personnes, je parle à la boulangère, je complimente la première femme que je croise, etc.) créera des liens, en apparence factices, mais à la longue efficaces si on considère qu'ils répondent à un besoin sincère.

Le rapport au mal n'est pas au cœur du hygge, puisque la réflexion sur ce sujet amène trop loin dans la philosophie, la psychologie et la métaphysique. Néanmoins, il n'est pas idiot de méditer cette parole de Shakespeare (telle qu'on la lit dans son *Jules César*) : « Le mal que font les hommes leur survit. » On dira : c'est justement pour ça qu'il en attire certains, les mêmes que la postérité, la légende, en définitive la mort attirent bien davantage que le fait de suivre le cours d'un ruisseau par un beau matin d'automne en croyant y voir la beauté absolue, ou que le fait de surprendre des conversations au café. L'attirance pour la mort, pour tout ce qui est immobile, calciné, invariable, guette quiconque n'a pas la tête assez levée ou que la vie ne pousse pas dans le bon sens – ce qui fait pas mal de monde ; c'est pourquoi se créer de nouveaux automatismes po-si-tifs n'est pas si gnan-gnan qu'il n'y paraît. Encore une fois, être hygge, c'est mesurer l'ampleur des phénomènes, celui de la vie comme celui de la mort (car l'une et l'autre sont sœurs et en accepter une sans l'autre est un grand facteur d'angoisse), en comparer les beautés, le prix, et faire son choix.

Les hommes n'atteignent jamais que ce qu'ils visent.

5 livres hygge

- *Le Grand Meaulnes* d'Alain Fournier
- *La Chartreuse de Parme de* Stendhal
- *Pays de Neige* de Yasunari Kawabata
- *Sous l'Étoile de Neige* de Knut Hamsun
- *Orgueil et Préjugés* de Jane Austen

Sachez « écouter le silence »

Tout le malheur des hommes vient d'une seule chose,
qui est de ne pas savoir demeurer en repos dans une chambre.
Blaise Pascal

Dans le silence un être grandit. Et on ne veut pas qu'il grandisse trop : il pourrait devenir dangereux...

Le silence, auquel n'ont plus droit les classes défavorisées aujourd'hui, elles à qui les pouvoirs, pour leur faire oublier ce scandale, ont donné la parole sans jamais les écouter. Le silence, qui est le véritable luxe.

Le premier conseil hygge en l'espèce serait de bien s'assurer, avant d'investir une nouvelle maison ou un nouvel appartement, de l'insonorisation des lieux. Parce que ce qui grignote, et détruit la conscience, c'est le bruit.

Ce bruit, ce peut être celui du parquet flottant de votre voisin du dessus, la Playstation de votre voisine du dessous, ou les performances sexuelles de votre colocataire. Mais ce peut être aussi le bruit de votre pensée. Autrement dit, le silence n'est silence que lorsqu'il est utilisé pour ce qu'il est, c'est-à-dire une source de méditation. C'est la méditation qui crée le silence, et non l'inverse. Le véritable silence est obtenu quand je peux écouter, en le sélectionnant lui et pas un autre, le bruit que je veux, parmi tous les bruits que j'entends.

Une fois claironnées ces évidences, quel rapport entretenir avec le bruit ? Il faut mettre l'accent sur les bruits ronds et grasseyants. Éviter les bruits brefs, stridents, et prolongés. Installer une horloge chez soi est une bonne idée, qui permet de se mettre en règle avec le temps qui passe (attention à certaines d'entre elles qui réveillent les bébés pendant leur sieste).

Ouvrir une fenêtre sur une place, l'été, et se mettre à écouter un méchoui de sons qui montent, chacun à son rythme : le fifrelis du vent dans les feuilles, quelques moteurs, des cris d'enfants, le bruit de l'interphone en bas de votre immeuble. C'est ça, le silence. C'est l'attention, un état de pleine conscience qui n'exclut rien.

Ne seraient pas hygge, dans ces conditions, tous les bruits sales, produits sans maîtrise, ou dans un environnement qui ne leur serait pas dédié.

Prenons un salon de thé, lieu hygge si l'on veut. Y étant allée pour travailler à ce livre avec un enfant en bas âge, je fus étonnée d'y entendre, à un volume que je jugeai excessif, de la musique (bonne ou mauvaise, la question n'était pas là). Avant même de m'asseoir, et voyant que j'étais seule dans la pièce, je me suis permis de demander à la gérante de baisser le son, prétextant que mon enfant aurait du mal à s'endormir si elle n'accédait pas à ma demande. La gérante s'exécuta mais m'indiquant, par un ton de voix mortifère et des yeux un peu pirates, qu'elle n'était pas contente… Je peux la comprendre. Elle était chez elle. Elle pouvait faire ce qu'elle voulait… Mais j'aurais dû dire à cette femme que moi aussi j'aimais beaucoup la musique et que moi aussi il m'arrivait de l'écouter à un volume élevé (quand mon fils était en crèche), et surtout j'aurais dû lui poser cette question hygge qui, peut-être, l'aurait fait réfléchir : « Comment peut-on écouter une musique si on ne *choisit* pas de l'écouter ? »

Si je suis venue dans son salon de thé, c'est bien que je l'ai choisi, non ?

Nouvelles habitudes

- Écoutez avec attention les bruits du silence. Le ronron du réfrigérateur, l'escalier qui craque, le vent dans le feuillage des arbres du jardin… Tous ces sons sont au cœur du hygge.
- Prenez conscience que le silence peut être merveilleux. Chérissez-le et recherchez-le. Mais sachez qu'en réalité ça n'existe pas le silence, et heureusement à vrai dire. Le silence, construisez-le. Et quand il est là, reconnaissez-le, c'est le vôtre, il est à vous. Et alors il vous fait du bien. C'est ainsi que, paradoxalement, quand nous écoutons très fort une musique que nous adorons, nous vivons, pour les mêmes raisons, une expérience de silence total aussi bien que lorsque nous nous reposons dans une pièce sans aucun bruit. Parce que notre conscience est entièrement dans ce qu'elle a choisi d'être. Il n'y a aucune différence sonore entre un concert à plein tubes de Led Zeppelin et le vol d'une libellule – si on va par là. La qualité de silence est potentiellement la même dans les deux cas. Le fait de le savoir n'enlève pas les risques de perdre son audition en se frottant aux enceintes pendant un concert de hard-rock, mais cela permet de mesurer que tout se vaut, tout est beau, que tout est sonore et muet, que tout est vie – si on le sait.

Nous venons de le voir, on ne peut être hygge au quotidien qu'à trois conditions (en mettant de côté ce prérequis incontournable qui est vouloir profiter de l'instant présent, en faire une petite apothéose) : il faut, premièrement, être ouvert à toutes les formes de beauté, sensorielles ou extra-sensorielles. Deuxièmement, il faut accepter de ne pas tout comprendre. Et troisièmement, il faut avoir la volonté de communiquer, de partager son émerveillement, sa nouvelle sagesse.

Partant de là, on ne saurait être intolérant, agressif, misogyne ou cupide. Les trois conditions, si elles sont remplies, induisent une foultitude de comportements généreux, constructifs et modestes qui, d'emblée, éliminent ces quelques défauts bien humains, bien compréhensibles, mais aussi bien faciles à combattre pour peu qu'on le veuille vraiment.

Voyons, au quotidien, comment ces trois conditions pourraient trouver leur mode d'application.

Prenons une situation dans le quotidien le plus trivial : une sortie entre amis. Ce mode de socialisation est très banal. Il permet de discuter des heures, de rire, de réfléchir, de faire réfléchir, de s'oublier, de séduire, etc. Comment donner un petit supplément hygge à une telle soirée ? Peut-être en décidant de mettre sur la table des sujets qui semble désuets, comme la vraie valeur des choses, ou la tristesse, ou la gentillesse ? Peut-être en réclamant à ses convives un petit moment d'attention qu'on transformerait en silence, silence au cours duquel on pourrait se mettre à regarder les autres, à les regarder vraiment, en toute conscience, et, parmi ces autres, en accueillir certains, en ouvrant le cercle ? Cette idée d'ouverture est fondamentale. Sinon le hygge ne serait qu'une sorte de mascarade philanthropique de parvenus ou de privilégiés vaguement hippies.

Autre cas de figure.

Une jeune femme, chez elle, par un jour gris et pluvieux, reste au lit, pour lire, caresser son chat et faire la sieste.

Cette situation peut devenir hygge si la jeune femme en question transforme ce moment, qu'on pourrait penser perdu, en un rituel, c'est-à-dire si elle est capable de lui donner un sens et de le répéter, volontairement, en d'autres circonstances. Si elle est capable de voir la beauté d'une telle situation (pluie/lit/solitude/loose), ce sera une façon d'en extraire quelque chose de sacré, de sortir son existence de l'ornière de la nécrose, de l'ennui, de la fatalité. « JE décide de faire de ce jour pluvieux une fête, une explosion de conscience et de joie. Je peux en parler aux autres, m'expliquer sur ce choix, et j'accepte qu'on ne me comprenne pas. » L'orgueil mis de côté, la vie donne et la jeune femme prend. « Ce qui est suffit », disait Râmakrishna.

Ce qui est suffit.

La jeune femme n'a pas besoin de savoir exactement pourquoi rester dans ce lit, sous cette couverture, auprès de son chat, à lire Dickens, Tolstoï ou Amélie Nothomb, et pourquoi est-ce que cela la comble de joie. Ce qu'elle à comprendre, en revanche, c'est le sens profond d'un tel rituel, enrichissant et enthousiasmant quand il est pratiqué en toute confiance, et à en approfondir la maîtrise.

Il est, en effet, assez exaltant de s'apercevoir qu'on commence à se saisir de sa vie par le bon bout, c'est-à-dire par le présent… C'est à la fois très simple, et diablement austère. Se contenter de quelque chose, admirer le réel, apprendre à aimer, on n'y parvient qu'au prix de nombreux sacrifices au premier rang desquels on trouve celui de sa volonté.

Sa volonté, car être hygge au quotidien, c'est avoir la capacité de s'effacer s'il le faut et quand il le faut, pour laisser l'instant vous envahir et envahir l'espace, c'est tout mettre en place pour que ce phénomène merveilleux puisse advenir, c'est ne rien faire pour le gêner. Aller à la rencontre du soleil demande moins une forme de volonté qu'une sorte d'acceptation joyeuse et croyance totale en la toute-puissance, éventuellement réparatrice, de celui-ci.

Le hygge, une expérience sensorielle : l'ouïe

Les sons de la nature sont des sons hautement hygge. Réconfortants, le bruit de la pluie, du vent dans les feuilles, des vagues sont à rechercher le plus souvent possible. Dans chaque action quotidienne, il faudrait apprendre à vivre en pleine conscience le bruit associé à l'activité en cours : le craquement du plancher quand on marche, le bruit des ciseaux coupant une pièce de tissu durant un après-midi couture, le bruit de la coquille de l'œuf qui se casse lors de la réalisation d'un gâteau.

C'est pour ça que le hygge est difficile à comprendre en France, et qu'il est devenu un produit marketé en Angleterre : car ce sont des civilisations ironiques et orgueilleuses, et qui, au désordre que le bien-être simple peut produire, préféreront toujours un malaise artiste et insoluble. Pour le hygge, il n'y a plus de problème à partir du moment où on trouve l'état de bien-être.

Nouvelle routine

- Dire bonjour en souriant à un maximum de personnes croisées dans la rue.
- Prendre du temps pour parler aux commerçants du quartier.
- Sourire, sourire, sourire !
- Établir des routines « cocooning » qui font du bien (beauté, lever, coucher), des choses simples à faire comme des rites.
- Nouer des liens avec ses voisins. Faire l'effort de mémoriser leurs prénoms et noms de famille. Ne pas fuir la fête des voisins. Proposer spontanément de l'aide.
- Instaurer « le coup de fil spécial à un ami cher », pour lui parler et l'écouter avec amour et bienveillance. Chaque semaine, prendre ce moment pour entretenir les liens affectifs. Alterner les destinataires.

3 disques hygge

- *Tapestry* de Carole King
- *Fleet Foxes* de Fleet foxes
- *Scott 3* de Scott Walker

Chouchoutez-vous en mode hygge

Méditez

L'exercice de la respiration

1. Choisissez une pièce calme, où personne ne viendra vous déranger. Installez-vous confortablement en position assise. Fermez les yeux.

2. Respirez doucement par le nez.

3. Ressentez le souffle entrer et sortir par vos narines, puis dans la gorge et effleurer enfin la peau au-dessus de la bouche.

4. Continuez et ramenez toujours votre esprit à ce souffle, même si vos pensées veulent vous amener ailleurs. Vous êtes ce souffle.

Effectuez cet exercice de méditation une fois par jour (toujours au même moment de la journée), cinq minutes au début, puis, dix minutes voire davantage avec l'entraînement.

L'exercice du scanner corporel

1. Choisissez une pièce calme, où personne ne viendra vous déranger. Choisissez d'être assis sur un coussin ou allongé sur le dos.

2. Fermez les yeux, puis respirez trois à cinq fois pour évacuer toutes les tensions. Portez ensuite votre attention sur chaque partie de votre corps : commencez par les pieds.

3. Fixez votre attention le temps d'une dizaine de respirations successivement sur chaque zone de votre corps (pieds, puis jambes, ventre, bras, cou jusqu'au sommet du crâne). Ressentez chaque partie de votre corps, le poids de chaque membre, sa position.

4. Ouvrez les yeux et respirez tranquillement.

Effectuez cet exercice de méditation dès que vous éprouvez le besoin de vous recentrer et d'être en pleine conscience.

Déconnectez-vous

Comme une drogue, l'hyperconnexion de notre époque est nocive. Internet, mails, tablettes, notifications et réseaux sociaux, consommés à haute dose, apportent bien plus de tracas que de bien-être (mauvais sommeil, manque de patience, difficulté de concentration). Face à cette masse d'informations continues, les premiers sentiments sont souvent des sentiments d'exaltation et de satisfaction, mais qui laissent souvent place à un grand sentiment de vide. Hyggez en maîtrisant votre rapport au digital et en privilégiant l'IRL (*In Real Life*).

Petites astuces au quotidien

- Éteignez votre smartphone le plus souvent possible.
- Le matin, ne vous précipitez pas pour allumer votre smartphone.
- Interrogez-vous sur votre liste d'amis sur Facebook. Tracas ou bien-être en lisant le post de telle ou telle personne ? N'oubliez pas que tout ce qui provoque le moindre tracas n'est pas hygge.
- Si vous souhaitez travailler sérieusement et vous concentrer, ne laissez aucune fenêtre connectée à Internet, même minimisée.
- Désactivez le signal sonore de votre smartphone vous avertissant de l'arrivée d'un message.
- Efforcez-vous de ne pas lire immédiatement vos SMS.
- Supprimez les jeux et autres applications gadgets qui créent une tentation et qui sont chronophages.

Vivez dans la gratitude !

Dire merci est la clef pour maintenir une bonne santé émotionnelle. Cet acte, en apparence si simple, procure un réel sentiment de bien-être en écartant les idées noires de l'esprit. Hyggez et réjouissez-vous de ce que vous avez vécu ou ressenti il y a un jour, deux jours, trois mois ou il y a dix ans. Entraînez votre esprit à la reconnaissance, à la gratitude et peut-être même au bonheur.

Écrivez une lettre de gratitude à quelqu'un que vous aimez, qui compte beaucoup pour vous.

… et ensuite, envoyez-la à son destinataire ou, encore mieux, lisez cette lettre à voix haute devant la personne à qui sont destinés ces mots.

Dites « merci »

Achetez un joli petit carnet. Écrivez avec application sur la première page « Mon carnet de gratitudes ». Tous les soirs avant le coucher, écrivez vos cinq mercis de la journée écoulée. Du petit détail qui vous a rendu joyeux à l'événement le plus fou de la journée, beaucoup de choses peuvent faire l'objet d'un MERCI !

Faites vos propres cosmétiques

Parabène, conservateurs indésirables et autres sels d'aluminium nous intoxiquent jour après jour. Faites un autre choix, un choix hygge, celui de prendre soin de vous de façon 100 % naturelle grâce à des cosmétiques maison ! Faire soi-même, se chouchouter pour des moments de détente et de volupté.

De nombreux sites Internet et de nombreuses boutiques proposent tous les ingrédients nécessaires à la réalisation de produits de beauté maison. Vous pouvez trouver des recettes très faciles ne nécessitant que très peu d'ingrédients et d'ustensiles. En attendant, voici quelques recettes pour vous lancer très rapidement et hygger dans votre salle de bains. Instaurez plusieurs fois par semaine une routine « beauté et bien-être ». Ce sera votre moment. Tamisez la lumière de la salle de bains, chauffez-la à votre convenance, allumez des bougies et faites retentir quelques notes de musique douce si vous le souhaitez. Lavez-vous dans ce cocoon de bien-être et de douceur, faites des soins pour votre peau du visage et du corps. C'est instant doit être hors du temps.

GOMMAGE POUR LE CORPS

Il vous faudra :

- *5 cuillerées à soupe d'huile de votre choix*
- *10 gouttes d'huile essentielle de votre choix (vanille, orange, citron, etc.)*
- *200 g de sucre roux*

Réalisation

1. Mélangez l'huile végétale et l'huile essentielle.
2. Incorporez-y ensuite le sucre.
3. Massez-vous avec des mouvements circulaires sur tout le corps.
4. Rincez-vous le corps à l'eau tiède.

BAIN DOUCEUR À L'ARGILE ET AU MIEL

Il vous faudra :

- *2 cuillerées à soupe d'argile blanche en poudre*
- *2 cuillerées à soupe de lait en poudre*
- *10 gouttes d'huile essentielle de lavande*
- *1 litre d'eau tiède*
- *1 cuillerée à soupe de miel liquide (bio de préférence)*

Réalisation

1. Mélangez dans un bol l'argile, le lait en poudre et l'huile essentielle de lavande.
2. Complétez par un litre d'eau tiède, puis incorporez le miel liquide.
3. Mélangez tous ces ingrédients, puis versez la préparation ainsi obtenue dans l'eau de votre bain.
4. Plongez-vous dans la baignoire et profitez pleinement de ce bain douceur ! Pensez à vous rincer rapidement à l'eau claire après ce bain.

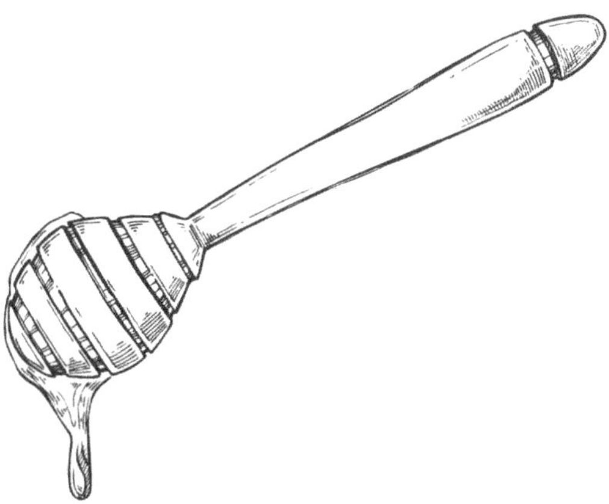

CRÈME HYDRATANTE

Il vous faudra :

- *1 noisette de gel d'aloe vera*
- *5 gouttes d'huile végétale (amande douce, jojoba, etc.)*

Réalisation

1. Déposez dans le creux de votre main une noisette de gel d'aloe vera.
2. Incorporez ensuite l'huile végétale de votre choix.
3. Émulsionnez avec un doigt jusqu'à l'obtention d'une crème blanchâtre.
4. Appliquez sur votre visage et votre cou.

HUILE DE MASSAGE DÉTENTE

Il vous faudra :

- *1 cuillerée à soupe d'huile d'amande douce*
- *5 gouttes d'huile essentielle de lavande*
- *3 gouttes d'huile essentielle d'ylang-ylang*

Réalisation

1. Mélangez l'huile d'amande douce et les huiles essentielles dans un flacon.
2. Fermez le flacon, puis secouez-le.
3. Massez-vous tout le corps.

MASQUE D'HUILES PRODIGIEUSES POUR LES CHEVEUX

Il vous faudra :

- *6 cuillerées à soupe d'huile vierge de coco*
- *4 cuillerées à soupe d'huile d'amande douce*
- *3 cuillerées à soupe d'huile d'avocat*

Réalisation

1. Faites fondre au bain-marie votre pot d'huile de coco.
2. Incorporez l'huile d'amande douce, puis l'huile d'avocat.
3. Laissez refroidir le mélange, puis déposez ce mélange sur tout votre cuir chevelu et sur l'ensemble de vos cheveux. Massez bien le cuir chevelu et appliquez ce mélange d'huile jusqu'aux pointes.
4. Laissez poser plusieurs heures, ou mieux, toute une nuit (dans ce cas, protégez votre taie d'oreiller).
5. Rincez à l'eau tiède, puis faites deux shampoings successifs pour éliminer toute l'huile. Vos cheveux doivent crisser sous vos doigts.
6. Séchez vos cheveux comme à votre habitude.

Nota bene

- Adaptez les quantités d'huile selon la longueur de vos cheveux.
- N'hésitez pas à mélanger plusieurs huiles végétales de façon tout à fait instinctives ou au contraire à faire un bain d'huile avec une seule huile, comme l'huile d'olive. Le résultat sera également très agréable.

HUILE NOURRISSANTE

Il vous faudra :

- *3 cuillerées à soupe d'huile de germe de blé*
- *2 cuillerées à soupe d'huile de bourrache*
- *3 cuillerées à soupe d'huile d'amande douce*
- *5 gouttes d'huile essentielle de jasmin*
- *5 gouttes d'huile essentielle de néroli*

Réalisation

1. Dans un vaporisateur ou un petit flacon, mélangez toutes les huiles végétales.
2. Ajoutez les huiles essentielles et secouez le flacon.
3. Utilisez après la douche sur tout le corps. Massez bien pour faire pénétrer en profondeur.

MASQUE BONNE MINE

Il vous faudra :

- *1 cuillerée à soupe de yaourt nature*
- *1 cuillerée à soupe de miel liquide (bio de préférence)*
- *1 cuillerée à soupe d'amande en poudre*

Réalisation

1. Mélangez dans un bol le yaourt, le miel et la poudre d'amande.
2. Appliquez sur le visage préalablement nettoyé en évitant le contour des yeux.

3. Laissez agir 15 minutes.
4. Effectuez des massages circulaires et rincez soigneusement à l'eau claire.

Les huiles essentielles favorisant la détente

- Lavande vraie
- Bois de rose
- Ylang-ylang
- Laurier noble
- Petit grain bigarade

Créez une #bedtimeroutine

Avec brume d'oreiller, bougies parfumées, plaid chaleureux et coussins en laine…

Connectez-vous à la nature

Mettez votre corps en mouvement le plus souvent possible, saisissez toutes les occasions qui s'offrent à vous dans la vie quotidienne. Marcher, c'est se connecter avec son environnement, c'est donner du sens à sa vie. Dans la nature, vos sens seront exaltés, le vent qui caresse le visage, le chant des oiseaux qui ravit les oreilles, ces arbres qui nous dynamisent.

Hyggez avec la Terre : le *earthing* !

En 2011, Clinton Ober écrit le livre *Earthing – la plus importante des découvertes de santé,* dans lequel il montre à quel point notre civilisation « hors sol » est néfaste pour notre santé. Revêtements de sols, habitations en étages toujours de plus en plus hautes, port de chaussures systématique… Plus les décennies passent, plus nos pieds sont éloignés de la Terre. Pour notre plus grand mal : nous sommes déconnectés de la mère Terre et de son énergie. Maladies auto-immunes, stress, dépressions, maux de tête et insomnies ont pour lui une seule et même cause : l'incapacité que nous avons à évacuer les excès d'ions positifs vers la Terre. Le *earthing* est, comme pour les prises de terre en électricité, une véritable « mise à la terre » qui permet de se libérer de toute la surcharge électromagnétique accumulée dans nos corps. Le *earthing,* c'est le simple fait de marcher pieds nus dans la terre, l'herbe, le sable ou sur des rochers au moins quinze minutes par jour.

Le hygge en famille, entre amis (et plus si affinités) et au travail

Soyez hygge avec vos proches

Le hygge est encore plus naturel quand il est pratiqué avec des gens qu'on connaît, qu'on aime, en qui l'on met toute notre confiance. Ces moments hygge, nous les avons tous et toutes connus : ces repas qui s'éternisent, ces fous rires absolument incompréhensibles à qui n'est pas de la famille, ces confidences larmoyantes ou logorrhéiques, cette sensation d'être un soi multiplié et parfaitement compris…

C'est pourquoi il est hasardeux, à mon avis, de donner le moindre conseil dans ce domaine. Le hygge est intéressant, c'est-à-dire initiatique, quand il sert à relier des gens entre eux, quand il les unit, en les recouvrant, dans une expérience de réconfort partagé et de bien-être.

Mais qui dit « famille » dit aussi incompréhension, désordres, jalousies, colères…

Alors l'esprit hygge serait aussi d'apprendre à écouter et à parler en temps voulu. Une tablée avec pléthore de discussions croisées n'est absolument pas hygge. Une atmosphère hygge est une atmosphère dans laquelle la parole de l'autre est importante et écoutée, mais aussi dans laquelle nos propres mots ont de la valeur. Importance de la rencontre de deux dynamiques, puissantes, qui peuvent créer de grands moments de bonheur. Il s'agit de redécouvrir les joies et l'art de la discussion. De cœur à cœur. D'esprit à esprit. Attention, il ne serait pas hygge de transformer chaque échange en grand partage intellectuel… mais n'oublions pas qu'on peut parler de façon brillante de choses très banales et légères. L'idée est aussi qu'aucune personne ne domine une conversation autour d'une table. La discussion doit être douce, pas de clash, pas d'humiliation, personne ne doit vouloir imposer son point de vue à tout prix, parfois même dans les cris et les oppositions féroces. Sujet sérieux mais avec légèreté. Qu'il n'y ait pas de domination en temps de parole, en rapport de force, en termes d'espace également. Possible en France ?… Efforçons-nous.

Hyggez avec les enfants, en famille ou entre amis

La famille semble un espace idéal pour développer un esprit hygge. Dès lors que les rapports sont apaisés et bons. Amour, bienveillance, joie, voici quelques instants hygge :

- l'histoire du soir avec les enfants et tous les rituels du coucher ;
- danser ;
- cuisiner ;
- passer une soirée devant un bon film enveloppés dans des plaids moelleux ;
- instaurer des « soirées séries » chaque semaine ;
- soirée jeux de société ;
- redécouvrir le plaisir de faire des puzzles ;
- soirée lecture (chacun son livre et chacun à sa place favorite : le canapé confortable, le grand fauteuil que tout le monde veut, les coussins tout doux sous l'escalier…) ;
- petite soirée à jouer aux cartes.

Et dans ce quotidien, quoi de plus hygge que de converser avec ses amis enveloppés dans des plaids une tasse de tisane à la main ? Pour que le plaisir soit intense et la connexion avec votre environnement plus fort, voici quelques recettes de tisanes maison.

Tisane douce nuit

Il vous faudra :

1. Dans une tasse, versez 1 cuillerée à café de fleurs séchées de tilleul.
2. Portez à ébullition 20 cl d'eau, avant de l'ajouter à la préparation.
3. Laissez infuser 10 minutes et filtrez.
4. Ajoutez ensuite à votre convenance 1 cuillerée à café de miel, une goutte d'huile essentielle de lavande et une goutte d'huile essentielle d'orange.

Infusion Joie de vivre

Il vous faudra :

- *1 litre d'eau*
- *1 racine de gingembre (10 cm environ)*
- *1 citron jaune bio*

Réalisation

1. Faites bouillir l'eau dans une casserole.
2. Pelez, puis râpez la racine de gingembre.
3. Hors du feu, jetez le gingembre obtenu dans la casserole.
4. Versez par-dessus l'eau bouillante et laissez infuser 20 minutes sous un couvercle.
5. Filtrez la préparation et ajoutez le jus du citron pressé.
6. Dégustez dans de jolies tasses.

Apprenez à être hygge au travail

Changez votre regard

Trouver sa place, donner sa place à l'autre, ça n'est pas toujours facile dans une entreprise. On peut même trouver que le monde du travail est très loin des valeurs érigées comme modèle par le hygge... La concurrence entre collègues, la course aux profits, les horaires, les contraintes, tout ça contribue à rendre la vie d'entreprise lourde, pesante, parfois douloureuse. Même quand l'ambiance est cordiale, il plane, dans le monde du travail, et on comprend tout à fait pourquoi, une menace : quelque chose de froid et d'hostile peut s'abattre sur tout employé à tout moment.

Comment apporter un peu de hygge au travail ? En mettant une cravate orange ? En offrant des fleurs aux standardistes ? Pourquoi pas ? À condition que cela passe de l'accidentel au rituel...

Par exemple, le café du matin, s'il n'est pas régulier (et dans sa pratique, et dans sa durée), il ne pourra devenir cette zone de décompression, cet entre-deux décontracté et souriant. Soyez ferme sur cette régularité, et elle portera, vous le verrez, ses fruits.

De même, donc, pour les fleurs, ou un gâteau, ou un livre, à condition que ce soit un jour fixe, toujours le même et qu'il n'y ait jamais d'oubli.

Vous pouvez penser à mobiliser vos collègues sur un projet qui les situe en dehors de leur cadre professionnel, mais qui ne soit pas trop « prise de tête » : un concours de pâtisserie, par exemple (mais évitez d'organiser un concours de beauté, certains et certaines pourraient ne pas se sentir concernés…).

Dans vos rapports avec ces mêmes collègues, vous n'avez pas grand-chose à modifier pour redonner un peu d'humanité, de bienveillance et de d'attention. Par exemple, envoyez moins de mails à Jean-Pierre du Bureau 8, mais allez le voir. Efforcez-vous aussi de reconnaître le travail accompli par ce même Jean-Pierre et surtout faites-le lui savoir ! Dites bonjour à tout le monde, ayez des mots gentils, retenez quelques détails insignifiants sur tel ou tel collègue…

L'idée est de respecter un certain équilibre dans tout : ainsi, ayez vous-même une bonne hygiène de travail. Ne cherchez pas à être le meilleur à tout prix. Partez à une heure « normale ». Ne soyez pas fier de partir après tous vos collègues, faites même en sorte que tous partent ensemble. Se cramer pour atteindre des objectifs dont on ignore s'ils ne sont pas imaginaires ou stupides n'est pas hygge du tout !

Mais même pendant que vous travaillez, n'oubliez pas que les moments passés ici font partie d'un tout qui s'appelle votre vie, et que celle-ci est insurpassable, mystérieuse, et qu'elle vous appartient en plein et de droit, et que si vous voulez être heureux dans votre travail, vous pouvez l'être.

Relaxez-vous au bureau

Voici quelques exercices à faire dans son bureau pour faire une pause et surtout détendre ses yeux qui sont extrêmement sollicités par les écrans.

Le palming

Placez vos paumes de main sur vos yeux comme deux petites coques. Serrez vos doigts pour faire en sorte de ne plus voir aucune lumière. Gardez vos paumes de main ainsi un peu plus d'une minute.

➤ La relaxation sera immédiate et profonde grâce à l'obscurité créée et à l'apaisante chaleur des mains.

Le signe de l'infini

Asseyez-vous confortablement, le dos droit, mais le corps détendu. Gardez vos yeux ouverts, vous êtes détendu et votre tête est immobile. Gardez cette posture et suivez avec vos yeux un signe infini lointain en un seul et même mouvement fluide et sans arrêt.

➤ La tension accumulée au niveau de vos yeux sera chassée en un clin d'œil.

Le clignement des yeux

Plusieurs fois par jour, efforcez-vous de cligner des yeux durant 30 secondes. Des larmes vont monter et humidifier chaque œil.

➤ N'ayez pas peur de forcer le mouvement et de le répéter encore et encore.

Le crayon

Assis(e) confortablement, le dos droit, gardez vos yeux ouverts et détendus. Gardez la tête immobile et tendez avec votre bras un crayon face à votre visage au niveau de votre regard. Fixez ce crayon.

➤ Expirez et rapprochez-le de votre nez tout en continuant à le fixer.

➤ Inspirez, puis éloignez-le petit à petit, le plus loin possible, toujours sans détacher votre regard. À répéter une vingtaine de fois.

L'interaction sociale

Si le développement de son intériorité et le plaisir personnel sont essentiels dans le hygge, ils ne sont que le pendant de l'appartenance à un groupe permettant un équilibre parfait dans nos vies. Intériorité et solitude en alternance avec interaction et rassemblement. Deux faces d'une même médaille. La médaille de l'épanouissement au quotidien. Le sentiment d'appartenance à une société ou une communauté passe par un ensemble de rites. « *Appartenir à une collectivité, c'est partager avec les autres membres assez d'idées ou de traits communs pour se reconnaître dans le « nous.* » C'est un sentiment d'unité puissant. Le sentiment d'appartenance à une collectivité permet de se reconnaître dans le « nous » en partageant avec les autres membres d'une communauté des idées, des façons de vivre, des idéaux…

Un ciment avec les êtres qui nous entourent et qui génère un sentiment de sécurité inégalable et un profond enracinement dans sa vie. Hygger en développant une vie sociale riche et intense, mais attention, ceci n'a rien à voir avec un nombre d'amis ou de connaissances incalculable, ni même avec une quantité importante « d'activités ». La qualité, toujours la qualité avant la quantité. Une vie riche en interaction sociale contribue au sentiment de bonheur et même à la santé. Les liens sociaux indispensables.

Se relier aux autres, quelques pistes

- **Les communautés religieuses :** renouez avec la foi de vos ancêtres. Poussez la porte d'un lieu de culte, qu'il vous soit connu ou inconnu. Si vous n'osez pas passer par la grande porte, utilisez la petite porte (petit groupe de prières, repas communautaires dans la semaine, conférence le soir ou le week-end, etc.).
- **Les associations :** aidez les démunis avec d'autres personnes, engagez-vous dans des causes écologiques avec des personnes en qui vous vous reconnaîtrez et avec qui vous partagerez un certain nombre de valeurs. Comité de quartier, actions politiques, tant de choses à faire !
- **Les clubs sportifs/artistiques :** souvent fréquentés pendant l'enfance, les adultes s'éloignent de ces formidables moyens de rassemblement. Vibrez à l'unisson pour une activité qui vous transporte et qui fera se rassembler des gens avec le même engouement.
- **Organisez le plus possible des activités de groupes :** invitez trois personnes, qui elles-mêmes inviteront trois personnes, qui elles-mêmes inviteront trois personnes, etc. Randonnée, pique-nique, sortie au musée, restaurant… Les possibilités sont multiples.

Le lien, le grand cercle que nous formons avec les autres, doit aussi s'articuler autour de la prise de conscience que chaque geste que vous faites à un impact sur la collectivité. Un mouchoir laissé au sol dans la rue pourrait être ramassé par un tout petit enfant, un gros morceau de verre mis dans le sac-poubelle pourrait blesser la personne en charge des ordures dans l'immeuble. Pensez « global », pensez « collectif », pensez « conséquences ». Mais n'oubliez jamais que le hygge se trouve plutôt dans la générosité discrète que dans les grandes démonstrations.

Le hygge et la sexualité

De tous les sujets auxquels on peut associer le hygge, le sujet de la sexualité non seulement n'est pas celui qui vient en premier à l'esprit – comme d'ailleurs le prouve la place de ce chapitre dans ce livre – mais peut même poser problème.

Et pourtant, le hygge trouve là en quelque sorte sa quintessence, puisque la plupart de ses applications possibles s'y retrouvent, et très naturellement, incarnées.

Rappelons avant d'aller plus loin la subtile mais importante distinction que Françoise Dolto a faite entre « sexualité » et « libido » : selon la célèbre psychanalyste, la sexualité est un processus conscient et animal, alors que la libido abrite tous les fantasmes inconscients. Or il n'est pas question ici de se montrer clinquant et impudique en déroulant la bobine des fantasmes scandinaves, ou bien de dresser la liste, plus universelle mais très conventionnelle, des charmes de l'amour cocooning (par exemple : l'homme doit-il garder ses chaussettes pour faire l'amour ? etc.), mais bien plutôt d'essayer de voir si l'on peut, et comment l'on peut, penser une sexualité vivifiante, sécurisante et – ce « et » a son importance – délicieuse (aussi délicieuse qu'un chocolat chaud, qu'un soleil matinal ou qu'une balade sous la voûte des forêts). Une évidence s'impose, qu'il faut dire et tant pis si elle déçoit ou choque : le sexe hygge se pratique avec amour (mais le sexe hygge n'en est qu'un parmi d'autres ! Tout ce qui suit n'a d'ailleurs qu'une valeur, démarcative certes, mais de proposition). Par conséquent, toutes les postulations de domination, de castration, toutes les perversions qui rapprochent la sexualité du mental, et la font dépendre de celui-ci, toutes ces modalités appartiennent au champ libidinal que nous évoquions plus haut : elles ont bien sûr leur place dans la quête du plaisir, mais nous n'en tiendrons pas compte ici.

Dans la sexualité hygge, doit exister un accord entre deux (ou trois, ou dix) êtres ; cet accord en prépare un suivant, qui est majeur, entre ces êtres et la nature, l'environnement direct. La chambre, par exemple.

La chambre est une sorte de temple rituel. Il faut savoir que les mots « temps » et « temple » ont les mêmes racines anciennes (*Templus* et *Templum* désignent l'aspect du mouvement de l'horizon dans le temps et l'espace) ; quand on le sait, on comprend beaucoup mieux le rapport étroit que ces deux sensations entretiennent (celle du temps qui passe, et celle de l'espace qui nous englobe et nous resserre), et on ne s'étonne plus de ressentir qu'à ce moment-là, effectivement, le temps, comme prisonnier de nos sens amoureux, « s'arrête ». Il y a quelque chose de sacré dans la sexualité prise comme potentialité de rencontre existentielle – sacré ne voulant pas dire religieux, mais dévotion à quelque chose de haut et, donc, élévation. Ce profond respect, cette attention délicate portée au sexe permet un retour aux grandes émotions fondamentales, et il se trouve que se constituer une chambre où faire l'amour fait partie de ces émotions : c'est même une expérience plus profonde qu'il n'y paraît, puisqu'on y recommence, en son nom propre, et à son corps obéissant, le grand accouplement fondamental. Cette sensation de première fois, de première fois éternellement réactivée, est l'apanage d'une sexualité harmonieuse et de grand vent, cette sexualité que les journaux, toujours paresseux, disent « épanouie », mais qu'il vaut peut-être mieux dire « naturelle », dans le sens où la nature rapproche, alors que l'habitude, la mécanique, la pornographie, séparent.

L'idée dont procède ce qui serait la sexualité hygge est donc qu'il ne faut pas se confronter à l'autre et à l'univers, mais au contraire s'y mélanger. Tout doit être mis en place pour que le désir, la force motrice de toute sexualité, trouve à s'inscrire dans le courant immémorial, et puissant, de la sexualité primitive, c'est-à-dire vide de névroses, de culpabilités et de frustrations. Cette sexualité pourrait être le lieu d'une parole positive et douce, ou alors d'un silence plein de vie, plein des bruits simples et cordiaux de la vie (le vent, la pluie, le chat qui atterrit sur son coussin, le passant pressé ou bavard, au coin de la rue). Il ne faut surtout pas contraindre ses désirs, ou les limiter, mais les accompagner d'un regard bienveillant, et de beaucoup de confiance. « Ne craignez rien, la maison est pleine de couvertures », écrivait Katherine Mansfield : non, ne craignez rien, et même, au contraire, attendez tout de cette relation qui, en suivant le fil immatériel qui relie les énergies, deviendra un état et vous ressemblera. L'ennui ne pourra ternir votre sexualité si celle-ci vous ressemble et accepte de faire œuvre de création avec l'autre. La sexualité est un don, une joie, qui donne de la force…

Les ruptures de niveau qu'occasionne la sexualité considérée comme douce et sacrée peuvent être formalisées par toute une série de rites, dont certains sont très connus, et prêtent souvent à rire, tellement ils renvoient à une sorte de caricature de ce que serait l'érotisme et pousseraient à croire que la sexualité non frénétique est forcément une sexualité de papa-maman.

Évacuons-les immédiatement, ces rites immuables mais qui ont leur sens : il y a le massage, les lumières tamisées, l'encens, le bain à la bougie et le restaurant… Ces pratiques préparatoires sont effectivement une manière agréable d'attendre dans le calme la flambée du désir, et peut-être d'atteindre à la vraie rencontre.

Mais à côté de ces chemins balisés et lassants à la longue, d'autres voies sont accessibles.

La nature, en premier lieu. La balade est une autre façon de lentement érotiser son corps et de l'amener, à son rythme, au rythme du cosmos, à la connaissance de l'autre. Choisissez pour ces marches tendres des forêts humides, luxuriantes mais accessibles (il est assez peu question de sexe hygge dans la jungle d'*Apocalypse Now*). Envisagez d'y faire l'amour, bien sûr, sans trop vous l'avouer. Envisagez-le surtout si vous savez que ce sera impossible : cette frustration sera saine et chargera votre désir d'une savoureuse électricité. À la forêt, vous pouvez bien sûr préférer une crique perdue, ou un dolmen isolé, mais vous serez moins en situation de mouvement et votre désir aura des freins (naturels, certes), puisque rien, aucune rencontre fortuite, n'en pourra alimenter la chronique.

Il vous sera tout à fait possible, sinon, de louer une chambre d'hôtel, dans laquelle vous donneriez rendez-vous à votre partenaire, ou bien de vous rendre à la campagne, chez l'habitant. Cet exotisme a son charme, mais ses effets sont souvent limités dans le temps, et le désir de l'amour est souvent remplacé par celui de rentrer chez soi…

En effet, et le taoïsme le rappelle : « plus on s'éloigne, moins on apprend. » Alors restez chez vous ! Et faites de votre maison, appartement, chambre de bonne, château, T1, T2, T3, faites-en un temple !

Il y résonnera peut-être de la musique... Mais cette musique, comme elle procède d'un art très direct, très agressif, et qui parle directement au cœur et au corps, doit être choisie avec finesse : bannissez les morceaux qui appelleraient à trop de sensualité. Par exemple, vous préfèrerez à de la Soul sexy, ou à du Tango enflammé, un disque de Carole King, de Burt Bacharach ou d'Ella Fitzgerald. L'atmosphère ne doit pas être trop chargée, et puisqu'il y eut des « musiques pour ameublement » (Erik Satie) et des « musiques pour aéroport » (Brian Eno), il peut bien exister une musique typiquement hygge, faite pour une sensualité discrète, apaisée et profonde !

Dans votre chambre, ou votre salon, que vous aurez éclairés avec doigté et sonorisés avec tact, vous pourrez regarder un film. Mais quel film ? Il est important de bien le choisir puisque vous ne le regarderez pas jusqu'au bout et que vous le savez : ce qui élimine d'emblée les chefs-d'œuvre et les nanars.

L'objet artistique que vous choisirez, vous l'avez compris, ne devra pas être une entrave à votre volupté ; or l'entrave souvent se pare, hypocritement, des intentions les plus louables. Ainsi, vous n'aurez pas de plus grand ennemi que le film érotique ou – nous l'avons dit – la musique trop « romantique ».

Créez la surprise, l'étonnement. Se surprendre soi-même est le secret du bonheur et, peut-être, de la vie. Le hygge n'a pas pour ambition de changer votre vie, mais de vous aider à en augmenter, très facilement, la qualité. Bougez vos meubles, montez une cabane à côté de votre lit, organisez un pique-nique dans le salon, dressez votre tente-temple : fabriquez-vous un dimanche sur-mesure (les vrais sont tellement déprimants...) !

Et après ? Car il y a toujours un après. Mais on peut se demander si « l'après » n'est pas plus hygge que l'avant et même que l'acte...

La foudre est tombée. On se redresse lentement et on sort de sa tanière. Le jour se lève. On y voit clair. On regarde en l'air parce que tout nous paraît haut...

L'avantage d'une sexualité complète, profonde, lumineuse, assumée, c'est justement de ne pas trop souffrir de sa fin. Son génie, ce sont ces moments de grâce, dans le lit, à regarder la fin du film, à boire le thé, ou à refaire le monde en discussions savantes ou superficielles, mais qui toujours ont ce caractère de limpidité, de légèreté et d'optimisme.

Bien sûr, il vous sera peut-être aussi demandé, juste après, de sortir, d'aller chercher les enfants ou de retourner travailler. Mais toutes les « corvées » peuvent devenir hygge (cf. le ménage !).

Quelques clés du hygge à appliquer aussi dans sa sexualité

- Simplicité
- Instant présent
- Émerveillement
- Douceur

HUILE DE MASSAGE SENSUELLE À PARTAGER

Il vous faudra :

- *50 ml de macérat huileux de vanille*
- *6 ml d'huile végétale de Prune de Gascogne*
- *1 goutte d'huile essentielle de cannelle écorce*
- *2 gouttes d'huile essentielle d'amande amère*
- *40 gouttes d'huile essentielle de pamplemousse*
- *3 gouttes de vitamine E (anti-oxydant)*

Mélangez dans un flacon le macérat huileux, l'huile végétale et les huiles essentielles.
(Source : www.aroma-zone.com)

HUILE DE MASSAGE APHRODISIAQUE POUR HOMME

Il vous faudra :

- *95 ml d'huile végétale de noisette*
- *35 gouttes d'huile essentielle de bois de Siam*
- *4 gouttes d'huile essentielle de cannelle*
- *37 gouttes d'huile essentielle d'orange sanguine*
- *8 gouttes de vitamine E (anti-oxydant)*

Mélangez dans un flacon l'huile végétale et les huiles essentielles.
(Source : www.aroma-zone.com)

Le hygge vécu de l'intérieur !

« Le hygge, un émerveillement qui change la vie. »

Dorian a 22 ans, il est Français. Il vit à Paris. Son coup de foudre pour le Danemark remonte à l'été 2014, été durant lequel il a visité Copenhague pour la première fois : un émerveillement. Depuis, ce pays le passionne et il apprend le danois en parallèle de ses études de philosophie à l'université.

Pour vous, le hygge c'est quoi ?

Il s'agit d'abord d'un moment convivial, tout spécialement lorsqu'on le partage. Je pense notamment aux repas entre amis durant lesquels on mange et on boit bien. Pour moi, le hygge, c'est aussi le design et la décoration qui rentrent dans les intérieurs. Décorer son appartement ou sa maison avec des bougies, des lampes tamisées, des meubles chaleureux en bois, des canapés et des affiches de design graphique aux murs... Tout cela est très hygge. Le hygge, c'est encore une manière de se sentir en sécurité chez soi et dans sa ville ou son quartier. Le hygge, c'est le bonheur de prendre un café dans un bel endroit, dans un quartier agréable avec des amis. C'est presque une disposition d'esprit douce et rêveuse. En bref, le hygge est le mélange d'un réel savoir-vivre, de *lifestyle* et d'attrait pour la beauté (ce qui suppose également une culture en matière de décoration et de design).

Quel est le plat le plus hygge pour vous ?

Ce n'est pas très original, mais c'est sans doute le *smørrebrød*, un des plats les plus iconiques de la cuisine danoise. Même si certaines recettes sont parfois complexes, tout le monde peut faire un *smørrebrød* simple et bon. En effet, le hygge doit toujours s'appuyer sur la simplicité. Il est souvent iconique.

Quel est votre loisir le plus hygge ?

Me balader dans les rues d'un quartier pittoresque comme Montmartre, puis prendre un café dans un *coffee shop* joliment décoré, avec des tables en bois, tout en lisant un bon livre ou en surfant sur Internet.

Une musique hygge ?

L'album *Kind of Blue* de Miles Davis ! Surtout le premier titre *So What :* son thème si simple et si inspiré, ainsi que les premiers accords aux pianos... Cet album a eu beaucoup de succès au Danemark lors de sa sortie, beaucoup de Danois considèrent sans doute que Miles Davis, et le jazz en général, sont très *hyggelige*. Je pense aussi aux albums de Kenny Drew et de Dexter Gordon signés avec le label danois *Steeple Chase*. Ils évoquent tellement bien la mélancolie urbaine de Copenhague et les soirées branchées au Danemark.

Quel est votre accessoire le plus hygge ?

La bougie. Autant les simples bougies que les chandeliers de designers : je pense au Kubus IV de Mogens Lassen qui est l'objet le plus *hyggelig* de ma chambre.

Qu'est-ce qui est pour vous totalement hygge en France ?

Le vin est l'élément le plus hygge en France, non seulement parce qu'il y a des grands crus, mais aussi parce qu'il existe un cérémonial pour le déguster, un savoir-faire et un savoir-vivre réunis pour passer un moment de dégustation exceptionnel. Ce n'est pas pour rien que les pays scandinaves sont de grands amateurs de vin français : on considère désormais au Danemark que c'est *hyggelige* de boire un *glas vin* entre amis !

Qu'est ce qui est n'est pas du tout hygge en France ?

D'une part le design des espaces publics, notamment celui qui date des années 2000. Je pense aux nouvelles rames de métro et aux nouveaux Abribus : couleurs criardes, froides, des lumières trop vives et enfin des formes… dites organiques mais qui ne sont pas assez discrètes pour se fondre dans leur environnement.

D'autre part, le comportement de certaines personnes en France peut parfois sembler un peu rude ou manquant de convivialité aux yeux de beaucoup d'étrangers. Bien sûr, il ne faut pas généraliser, beaucoup de Français sont *hyggelige* ! La politesse et la gentillesse sont au fondement du hygge, il n'y a pas de hygge sans un minimum de savoir-vivre.

À votre avis, comment les Français pourraient-ils vivre de façon plus hygge ?

Eh bien, en faisant ce qu'on commence à faire à Paris depuis quelque temps : s'intéresser au design, apprendre les plaisirs simples de la vie, comme lire un livre dans un canapé entouré de bougies et bercé par des notes de jazz.

Quelle est pour vous, la chose la plus hygge danoise qu'il faudrait importer en France ?

Les chandeliers ! Ils représentent un élément fondamental des cultures scandinaves, surtout à Noël et pendant tout l'hiver. Trop peu de gens en France en utilisent pour célébrer le bien-être de la vie chez soi, en affrontant la dureté du climat (qui peut être pire en France qu'au Danemark !). Les chandeliers apaisent l'atmosphère et apportent de la beauté partout, à chaque fenêtre. Les chandeliers scandinaves commencent à être à la mode, notamment à Paris où le Kubus de Lassen commence à avoir du succès, mais c'est sans commune mesure avec les pays scandinaves et notamment le Danemark.

« Cocooner avec mes enfants, mes amis, ma famille, rien de plus *hyggelig*. »

Anna a 45 ans, elle est Danoise. Elle vit à Paris. Elle a quitté le Danemark par amour. En effet, elle est mariée à un Français depuis bientôt 10 ans et a deux enfants.

Pour vous, le hygge c'est quoi ?

C'est un ensemble de souvenirs. Des souvenirs d'enfance passée au Danemark. Ceux passés chez mes grands-parents à Sønderborg. Leur douceur, les plats de ma grand-mère, les fins de journées près du feu de cheminée.

Quel est le plat le plus hygge pour vous ?

Pas d'hésitation, les *wienerbrød* de ma grand-mère. Ce sont des pâtisseries danoises.

Quel est le moment le plus hygge de votre journée ?

Le rituel du soir que j'ai créé avec mes deux enfants. Ce rituel commence par la toilette du soir après le dîner (jamais tardif) qui se passe généralement dans le calme. Ensuite, j'aime prendre le temps de les mettre en pyjama. Ensuite, on câline les doudous, on leur parle (en danois !). Vient le moment de l'histoire. Moi à moitié dans le lit de mon enfant, lui emmitouflé dans sa couette. Je commence la lecture dans sa chambre obscure juste éclairée par sa lampe de chevet. J'adore ce silence, cette lumière douce, la douce respiration de mon fils ou de ma fille, la chaleur du lit prêt à accueillir le sommeil. Un pur moment *hyggelig*. Un moment hygge est une attention aux sens.

Quel est votre accessoire le plus hygge?

Je n'ai pas de grandes pièces de designers. Pour tout vous dire, il y a beaucoup de meubles Ikéa[A] chez moi. Mais cela n'est pas du tout un souci pour moi. En effet, cela n'empêche pas mon intérieur d'être hygge. Ikéa[A] respecte l'âme du design scandinave avec la simplicité apparente des lignes, leur fluidité et la fonctionnalité. Alors, je dirais que mon accessoire le plus hygge est mon canapé Ikéa[A], acheté il y a presque 10 ans, peu de temps après mon mariage ! Que de bons souvenirs sur ce canapé : des réunions de famille, des soirées entre copines, des siestes, des après-midi cocooning avec une tasse de thé à la main

Qu'est-ce qui est pour vous totalement hygge en France ?

Le rapport au café, je parle autant du lieu que de la boisson. Cependant, le lieu me parle plus que la boisson en elle-même. N'étant pas Française, j'ai dû me créer un nouveau cercle d'amis à mon arrivée en France. Pas facile. J'ai vu une différence quand mes enfants ont commencé à être scolarisés : j'ai découvert « le café des mamans ». Quel bonheur. Après avoir déposé les enfants, un rituel s'est installé avec les mêmes mamans en congé maternité croisées chaque matin devant la porte de l'école. Le troquet du coin est devenu un lieu très hygge pour moi. Un lieu de douceur et d'échanges affectifs rassurants.

Qu'est ce qui est n'est pas du tout hygge en France ?

Pardon pour les clichés, mais bon... la conduite souvent agressive. Le manque de gentillesse dans les commerces. Au niveau familial, peut-être un rapport assez distant entre les membres d'une même famille. Je ne ressens pas un grand bonheur à être en famille. Mais cela n'est que mon ressenti !

À votre avis, comment les Français pourraient-ils vivre de façon plus hygge ?

En réinvestissant leurs appartements et leurs maisons. La vie sociale se passe beaucoup à l'extérieur en France et dans des lieux « neutres ». Cela me fatigue, j'aimerais que les Français invitent davantage chez eux, et pas que pour les dîners très codés du vendredi ou du samedi soir. Envie de « cocooner » plus à plusieurs, entre amis, mais à la maison.

Quelle est pour vous, la chose la plus hygge danoise qu'il faudrait importer en France ?

Copenhague, la ville qui reste pour moi la plus belle ville du monde, bien sûr ! Ses musées, ses châteaux, toutes les balades qu'elle offre, ses canaux, ses *coffee shops*, son mélange entre modernité et tradition, entre décontraction absolue et grand sérieux…

« La pétanque, voilà mon hygge à la française ! »

Christa a 28 ans, elle est Franco-danoise. Elle est née et a grandi au Danemark, mais elle vit à Aix-en-Provence depuis un an pour ses études.

Pour vous, le hygge c'est quoi ?

Un moment hygge pour moi est un moment passé avec mes meilleures amies, entre filles, à bien manger, à bien boire, à rire et à se délecter des petites histoires des unes et des autres. Le tout blotties sur un canapé. Bref, quelque chose de très universelle, non ?

Quel est le plat le plus hygge pour vous ?

Le Gløgg. C'est un vin chaud danois consommé pendant tout le mois de décembre. Une merveille.

Quel est votre loisir le plus hygge ?

Le crochet et la couture m'occupent beaucoup pendant mon temps libre. Quand je crochète ou couds seule un après-midi, c'est un moment incroyable de bien-être et de détente (faire soi-même des choses, utiliser ses mains est très hygge), en groupe (café tricot en France et au Danemark), ces deux activités créent de purs moments de joie et de partage, des moments hygge par excellence.

Quel est votre accessoire le plus hygge ?

Je suis en France pour quelques mois seulement, dans une location meublée. J'ai dû me recréer un univers familier et chaleureux avec quelques éléments personnels. Finalement, j'ai réussi à me faire un cocon douillet sans trop de difficultés et sans dépenser trop d'argent. Dans ce contexte, je dirais que mon accessoire le plus hygge est mon lit avec le plaid en laine qui le recouvre et les gros coussins bien moelleux posés dessus.

Qu'est-ce qui est pour vous totalement hygge en France ?

Habitant le sud de la France, je vous dis la pétanque ! Mais, « jouer aux boules » devient aussi très tendance dans certains bars parisiens. J'ai un souvenir délicieux de mes premières semaines passées en Provence à mon arrivée au mois de septembre. J'ai vu la Provence telle que je l'imaginais. Le soleil puissant, le ciel bleu, les pins, le chant des cigales Et moi au milieu de cette carte postale en train de siroter un bon rosé dans une chaise longue face à un terrain de pétanque. Le hygge est bien là aussi, à des milliers de kilomètres de Copenhague.

Qu'est ce qui est n'est pas du tout hygge en France ?

Trop tôt pour le dire !

Conclusion

Même si j'ai un pied dans chaque pays et que mon cœur bat aussi fort pour le Danemark que pour la France, on ne conclut pas facilement un ouvrage, aux ambitions pourtant modestes, sur un sujet tel que le hygge, tant celui-ci, parce qu'il est nouveau, inhabité et ondoyant, semble accepter, presque benoîtement, de se prêter à toutes les explications, interprétations et même conclusions, pour peu qu'elles aient l'air un minimum convaincu.

Les Danois, eux, n'ont pas eu besoin, sauf à des fins éditoriales récentes, besoin de « définir » le hygge, qui leur était naturel, familier, et presque invisible : alors pourquoi devrions-nous, de notre côté forcément le définir puisque justement nous avons essayé de montrer, exemples à l'appui, que le hygge pouvait nous être, *à nous aussi*, parfaitement naturel et même qu'il était déjà là, que nous en procédions parfois sans nous en rendre compte…

L'intérêt d'un tel ouvrage n'est donc pas de remplir une case vide et d'exploiter un phénomène de mode, ni non plus de survaloriser tel ou tel aspect du hygge (l'aspect « pratique », l'aspect « spirituel », l'aspect « social », etc.), mais d'encourager les lecteurs à trouver quelle place ils peuvent donner au hygge dans leur quotidien, et les aider à progressivement mettre en place des rituels conscients, naturels et dont l'efficacité est garantie puisqu'elle dépend de la manière d'appréhender les événements, et non des événements eux-mêmes…

Vous objecterez que bien des philosophies comportementales obéissent aux mêmes principes ? Peut-être, mais l'immense avantage du hygge est de ne reposer sur aucun mythe ou texte fondateur, mais, au contraire, de découler de l'observation d'une vie simple, consciente et ouverte à l'émerveillement.

La seule exigence, pour être en mesure de profiter pleinement des actions concrètes proposées par le hygge (en décoration, en cuisine, en sexualité, etc.), c'est peut-être de se montrer attentif. Oui, attentif à soi, dans le meilleur sens du terme ; attentif aux autres, attentif au ciel, au vent, attentif au langage des tourterelles et à celui des fleurs... Krishnamurti, le grand sage du vingtième siècle, dont l'audience est bien sûr montée jusqu'aux pays scandinaves, écrivait : « L'attention même que l'on accorde à un problème est l'énergie qui le résout ». Voilà des mots, assez simples, mais dont la portée est immense, et qui pourraient, c'est mon avis, d'une certaine manière « résumer » la simplicité, la beauté et la pertinence, aujourd'hui, du hygge, dont les buts (le bien-être, la chaleur humaine, le petit frisson de joie, le plaisir doux) cherchent à régler l'énorme problème que peut parfois poser la vie, et la rendre délicieusement présente à notre esprit et à nos sens, délicieusement *évidente.*

Carnet d'adresses

Culture et tourisme

La fondation danoise

Depuis 1932, la Fondation danoise a été une base sûre et confortable pour les étudiants et chercheurs danois à Paris. Des milliers de jeunes danois, qui plus tard se sont fait remarquer dans les domaines les plus variés comme l'art, la science, la politique et le monde des affaires, ont séjourné à la maison et ont contribué à créer son atmosphère unique, mélange d'ambiance feutrée à la danoise, « hygge », et pluralité cosmopolite.

7 H, boulevard Jourdan
75014 Paris
www.fondationdanoise.org/fr

L'espace culturel de la Maison de Danemark

142, avenue des Champs-Élysées
75008 Paris
www.maisondudanemark.dk
Concerts, expositions, débats…

Église danoise de Paris

17, rue Lord-Byron
75008 Paris
www.frederikskirkenparis.dk

Office du tourisme du Danemark

www.visitdenmark.fr

Restaurants danois

Le traiteur de la Maison du Danemark

142, avenue des Champs-Élysées
75008 Paris
www.restaurants-maisondudanemark.com

Le Copenhague Maison du Danemark

142, avenue des Champs-Élysées
75008 Paris
www.restaurants-maisondudanemark.com

Olsen

6, rue du Commandant-Rivière
75008 Paris
www.olsen.fr

La petite Sirène de Copenhague

47, rue Notre-Dame-de-Lorette
75009 Paris
www.lapetitesireneparis.com

Le mobilier danois

Galerie Dansk

31, rue Charlot
75003 Paris
www.galeriedansk.com

Galerie Anders Hus

27, rue Charlot
75003 Paris
www.andershus.fr

Nordik Market

13, rue Charlot
75003 Paris
www.nordikmarket.com

Galerie Maria Lund

48, rue de Turenne
75003 Paris
www.marialund.com

La boutique danoise

264, boulevard Saint-Germain
75007 Paris
www.laboutiquedanoise.com

Maison Nordik

159, rue Marcadet
75018 Paris
www.maisonnordik.com

Déco, accesoires et textiles

Nordkraft

20, rue Sampaix
75010 Paris
www.nordkraft.fr

Fleux

39, rue Sainte-Croix-de-la-Bretonnerie
75004 Paris
www.fleux.com

Kvadrat

33, rue Charlot
75003 Paris
www.kvadrat.dk

Sentou

Trois adresses à Paris :
29, rue François-Miron
75004 Paris

26, boulevard Raspail
75007 Paris

112, boulevard de Courcelles
75017 Paris

www.sentou.fr

Table des matières

DÉCOUVREZ AUSSI, AUX ÉDITIONS LEDUC.S

L'Art du minimalisme

Élodie-Joy Jaubert

Format : 15 x 21 cm
Pagination : 160 pages
Prix : 13 euros
ISBN : 979-10-285-0272-0

N'avez-vous pas besoin d'une bouffée d'air frais dans votre vie ? Mettre un terme aux corvées ménagères, se libérer de tous ces objets qu'il faut entretenir, ranger, dépoussiérer, disposer de plus d'espace chez soi et de plus de temps pour soi… bref, se simplifier la vie, ça vous dit ?
C'est ce que propose l'art du minimalisme : se libérer du poids des possessions. Mais comment faire dans notre société de surconsommation ?
Dans ce livre qui va vous guider pas à pas vers la liberté, découvrez :

- les grands principes du minimalisme et les différentes méthodes existantes ;
- de nombreux conseils pratiques pour désencombrer votre intérieur pièce par pièce, et ranger efficacement une bonne fois pour toutes ;
- des astuces faciles pour évacuer le superflu de votre vie, et retrouver l'harmonie ;
- des recommandations feng shui pour favoriser la circulation des énergies.

Découvrez un véritable art de vivre pour revenir à l'essentiel !

Cet ouvrage a été achevé d'imprimer par
CPI Bussière en février 2017

Dépôt légal : février 2017
N° d'impression : 2028242

Imprimé en France